Daniela Landgraf

**Raus aus der Krise –
rein ins Leben!**

Der Weg zur mentalen inneren Stärke

Für meine wunderbare Schwester Susanne, die ich nach vielen vielen Jahren wiedergefunden habe. Vielleicht habe ich sie auch erstmalig gefunden, denn jetzt begegnen sich unsere Herzen, nicht unser Verstand.

Und für meinen wunderbaren Partner Jürgen, der mir stets zur Seite steht und mich in allen Projekten so fantastisch unterstützt.

Daniela Landgraf

Raus aus der Krise – rein ins Leben!

Der Weg zur mentalen inneren Stärke

Bibliografische Information der Deutschen Nationalbibliothek
Die Deutsche Nationalbibliothek verzeichnet diese Publikation in der Deutschen Nationalbibliografie; detaillierte bibliografische Informationen sind im Internet über http://dnb.d-nb.de abrufbar.

ISBN 978-3-7664-9960-8
Im Vertrieb von: Jünger Medien Verlag, Offenbach

Lektorat: Anja Hilgarth, Herzogenaurach
Autorenfotos: Petra Fischer, Fotostudio Snapshotz
Illustrationen: Diana Isabell Glusa und Michael David
Umschlaggestaltung: Martin Zech Design, Bremen, www.martinzech.de
Satz und Layout: ZeroSoft, Timisoara
Druck und Bindung: Salzland Druck, Staßfurt
1. Auflage 2019

www.danielalandgraf.com
© 2019 by Daniela Landgraf
Alle Rechte vorbehalten. Vervielfältigung, auch auszugsweise, nur mit schriftlicher Genehmigung der Autorin.

Inhalt

Vorwort von Peter Brandl 7

1. **Wann sagt sie endlich ...?** **9**
   - 1.1 Was ist das eigentlich: Tourette?. 13
   - 1.2 Und was ist eigentlich „normal"? 15
   - 1.3 Mein Empfinden der Tourette-Tics 19
   - 1.4 Was mich manchmal ärgert und manchmal belustigt. 22
   - 1.5 Meine persönliche Reise 24

2. **Krisen – wie sie entstehen und wie sie (meist) verlaufen** **33**
   - 2.1 Die Schuldfrage 34
   - 2.2 Die 6 Phasen der Zerstörung (und des Neuanfangs). 39
   - 2.3 Warum ich?. 51
   - 2.4 Die 5 Phasen der Veränderung 54

3. **Krisen – wie wir sie wahrnehmen.** **68**
   - 3.1 Die sich selbst erfüllende Prophezeiung 68
   - 3.2 Die Stimmen. 77
   - 3.3 Innen wie außen 90
   - 3.4 Meine Welt – Deine Welt – unsere Welt 98

4. **Rein ins Leben – der Weg zur mentalen inneren Stärke** **104**
   - 4.1 Wessen Leben lebst du?. 106
   - 4.2 Raus aus dem Jammertal! 114
   - 4.3 In den Flow kommen. 121
   - 4.4 Umdeuten. 134
   - 4.5 Raus aus dem Geld-Zeit-Gefängnis. 141
   - 4.6 Keine Ausreden mehr 146

5. Besondere Menschen durch besondere Herausforderungen........ 152

Das ungeplante Kapitel: Prüfung oder neue Stufe der Veränderung? ... 182

Über die Autorin 191

Vorwort von Peter Brandl

Was ist eigentlich „anders"?

Jeder Mensch kennt Phasen, in denen er oder sie sich nicht dazugehörig fühlt. Irgendwie ist man anders, passt nicht dazu, und oft genug wird einem das dann von der Umwelt auch mehr als deutlich gezeigt. Ist so eine Phase dann überwunden oder durchgestanden, sieht alles oft ganz anders aus. Plötzlich erscheint dieses „Andersein" nicht mehr als negativ, sondern als notwendiger Schritt zur oder sogar als Voraussetzung für die Veränderungen, die danach kamen.

Bei manchen Menschen ist es aber keine Phase. Tourette, genauso wie viele andere Krankheiten oder Besonderheiten, ist nichts, das vorbeigeht. Nichts, von dem man sagen kann: „Warte nur, irgendwann lachst du drüber." Auch bei Daniela Landgraf geht es nicht vorbei, und das ist ein Grund, warum sie dieses Buch geschrieben hat. Sie beschreibt in diesem Buch ihre Geschichte, ihre Besonderheit und wie sie damit umgeht und umzugehen gelernt hat. Irgendwann hat sie dieses „Anderssein" nämlich nicht mehr als anders, sondern als „besonders" empfunden. Besondere Menschen haben besondere Herausforderungen, aber auch besondere Talente. Und damit können sie zu einer besonderen, einer außergewöhnlichen Bereicherung für alle Menschen um sie herum werden. Und genau das ist es, was mich an diesem Buch so fasziniert: Daniela beschreibt das Besondere, und sie macht anderen Menschen Mut, auch zu ihren Besonderheiten zu stehen.

Es wird in unserer heutigen Gesellschaft so viel über Trennendes geredet. Gerade die neuen Medien haben daran einen sehr starken Anteil. Da wird über andere hergezogen, gelästert und verunglimpft. „Andere" meint da Menschen, die anders sind, anders denken, anders handeln oder vielleicht anders aussehen. Ich würde mir wünschen, dass wir wieder viel stärker auf das Besondere schauen, auf das Besondere in uns und in anderen. Natürlich kann dieses Besondere manchmal fremd und ungewohnt sein. Aber es ist eben auch immer ein anderer Blickwinkel, eine andere Herangehensweise, vielleicht aber auch eine Bereicherung. Ziemlich sicher führt es aber zu anderen Lösungen.

Ich wünsche mir, uns allen und vor allem natürlich Daniela Landgraf, dass wir stärker das „Besondere" wahrnehmen und schätzen, und ich weiß, dass dieses Buch dazu anregt.

Berlin, im Januar 2019
Peter Brandl
Präsident der German Speakers Association 2017-2019

1. Wann sagt sie endlich …

… Hitler?" – „Wann sagt sie endlich ‚Hitler'?" Hoppla – was für eine Überschrift! Doch genau so sollte dieses Buch eigentlich heißen. Viele waren begeistert von dem Titel! Reißerisch! Macht aufmerksam! Und das war ja auch mein Ziel. Doch dann kam die Beratung vonseiten des Verlags – mein Buch würde wahrscheinlich durch alle Suchmaschinen durchfallen und im Internet „abgestraft" werden. Das sind schlagende Argumente, denen ich gerne folge. Denn ich möchte, dass mein Buch auffindbar ist. Ich möchte Menschen Mut machen, ihren Weg zu gehen, egal, wie die aktuellen oder die Geburtsvoraussetzungen sind. Vieles, wirklich vieles ist möglich, wenn man es wirklich will.

Gleich mehr zu dieser außergewöhnlichen Überschrift und warum ich so ein Buch schreibe.

Am besten stelle ich mich erst einmal vor: Mein Name ist Daniela Landgraf, und ich habe das Tourette-Syndrom.

Die meisten Menschen assoziieren sofort: Das ist doch diese komische Krankheit, wo ständig unflätige Worte gebraucht werden, sowas wie „Arschloch", „Ficken" und … ach ja, „Hitler".

In der Tat ist vielen Menschen ist das Tourette-Syndrom nur in der Ausprägung der schweren verbalen Tics bekannt. Das ist es ja auch, was in den Medien ab und zu mal gezeigt wird. Wenn andere wissen, dass ich das Tourette-Syndrom habe, warten sie oft darauf, dass ich irgendwann irgendetwas „Schlimmes" sage, und fragen sich: „Wann sagt sie endlich ‚Hitler'?" oder „Wann sagt sie endlich ‚Arschloch'?". Das haben mir gute Bekannte im Nachhinein verraten, und das höre ich auch von anderen Betroffenen.

Aber ja, genau diese Gen-Besonderheit ist es. Ich weigere mich, es Krankheit zu nennen, denn ich fühle mich komplett gesund ... Meine Körpersprache ist halt anders als bei anderen Menschen. Aber ist nicht jeder Mensch anders als der andere?

Heute habe ich das Tourette-Syndrom komplett akzeptiert und in mein Leben integriert. Es hat keine Macht mehr über mich. Doch das war nicht immer so! Es hat mein Leben massiv beeinflusst. In den ersten vier Jahrzehnten fühlte ich mich oft minderwertig. Mein ganzes Denken und Fühlen drehte sich immer nur um meine sogenannten Tics, zu denen ich später noch mehr schreiben werde. Es ging mir immer nur darum, diese „Schwächen" zu verbergen, zu verheimlichen und zu unterdrücken.

Ich vergaß dabei völlig, dass ich auch Stärken habe. Da ich mich deshalb nie „wertvoll" fühlte, versuchte ich, durch Leistung Teil der Gesellschaft zu werden, ich wollte so gern dazugehören, ich wollte deren Anerkennung. Meine „Schwächen" kompensierte ich durch Arbeit bis zum Umfallen – immer höher, schneller, weiter! Mir kam gar nicht in den Sinn, dass man mich auch um meiner selbst willen lieben und wertschätzen könnte.

Was mir auch nicht bewusst war: Für mich war das Tourette-Syndrom lebensbestimmend, riesengroß und allgegenwärtig. Für andere ist es zwar wahrnehmbar, aber nach einer Weile rückt es in den Hintergrund, weil es einfach dazugehört. Manche interpretieren es auch einfach als Unsicherheit. Oder versuchen, einen Grund für mein Verhalten zu finden. Wenn ich meinen „Rückwärts-Blick-Tic" oder meinen „Seitwärts-Blick-Tic" (hierzu später mehr) habe, dann empfinden das viele Menschen als ganz normal – in ihren Augen sehe mich eben um. Offenbar habe ich etwas Interessantes entdeckt – und oft werde ich dann auch gefragt, was es da zu sehen gibt. Heute kann ich souverän und mit einem Lächeln sagen: „Nichts! Mein Körper ‚zwingt' mich nur gerade, mich umzuschauen. Einfach ignorieren!"

Spannend ist auch, dass ich früher, als mein Selbstwertgefühl de facto noch nicht wirklich ausgeprägt war, die Reaktionen der anderen nur als negativ wahrgenommen habe. Dabei bezieht mein Gegenüber manchmal meine durch die Tics gesteuerte „andere" Körpersprache auch auf sich und fragt: „Habe ich was Falsches gesagt?"

Ganz wichtig, bevor Sie auf die falsche Fährte kommen: Auch wenn ich immer wieder beispielhaft meine „Tics" erwähne:

Mein Buch richtet sich explizit *nicht nur an Tourette-Betroffene!*

Es richtet sich an *alle Menschen*, die Krisen erlebt haben, die Einschränkungen, Defizite oder Besonderheiten bei sich spüren oder die das Gefühl haben, anders oder nicht richtig zu sein oder nicht zu genügen oder nicht dazuzugehören.

Mit diesem Buch möchte ich Ihnen sagen: Egal, wie Ihre Startbedingungen ins Leben waren, egal, welche Schicksalsschläge Sie erlitten, welche Krisen Sie durchlebt haben, an welchem Punkt Sie jetzt stehen und wie Ihre heutigen Rahmenbedingungen sind – es ist nie zu spät für den Start in ein erfülltes, glückliches Leben!

Als Ausgangspunkt überlegen Sie: Was ist eigentlich Normalität? Wer bestimmt überhaupt, welches Verhalten „normal" ist? Sind Menschen mit Besonderheiten nicht „normal"? Wer kann das behaupten? „Normal" gibt es nicht: Jeder Mensch ist anders als der andere, jeder hat besondere Talente. Diese Talente gilt es auch in Ihnen zu entdecken und zu leben. Dazu weiter unten mehr.

Ich möchte mit meinem Buch Mut machen! Das geht am besten in der „Du-Form". Aus dem Grund werde ich Sie während der Lesezeit manchmal duzen, zumindest bei direkten Aufforderungen.

Mein Appell an dieser Stelle:

> Nimm Dein Leben in die Hand. Du bist wertvoll und Du bist genau richtig, wie Du bist. Finde Deine Talente und Stärken. Lass Dir von anderen Menschen nicht sagen, was für Dein Leben gut oder richtig ist, sondern horche in Dich hinein. Was tut Dir gut? Wie ist Dein Empfinden?
>
> Wenn Du gerade in einer Krisen- oder Umbruchsituation bist, wenn Du mit Deinem Schicksal haderst, dann möchte ich Dich mit diesem Buch darin unterstützen, den nächsten Schritt in ein erfüllteres Leben zu gehen.

Ich nenne mein Tourette-Syndrom „Gen-Besonderheit", nicht „Krankheit", denn ich fühle mich gesund, und mein Leben ist lebenswert. Früher habe ich mich auf das Tourette-Syndrom reduziert. Heute weiß ich: Ich bin mehr als das Tourette-Syndrom. Ich bin Trainerin, Rednerin und Autorin. Das alles wäre ich ohne meine besondere Geschichte wahrscheinlich nicht geworden.

Kommen Sie mit mir auf die Reise. Ich möchte Ihnen von mir erzählen und Ihnen dabei viele Impulse geben.

Vielleicht macht Ihnen mein Buch Mut. Vielleicht hilft es Ihnen, Ihre Talente zu entdecken, Ihr Denken zu verändern und den Weg zu gehen, der Sie glücklich macht.

Denn am Ende wollen wir alle nur eines: Glücklich sein!

Ich werde Ihnen in einem eigenen Kapitel zum Ende des Buches auch andere wunderbare Menschen und ihre Geschichte vorstellen. Jede dieser Geschichten ist anders. Doch allen gemeinsam sind die alles andere als optimalen Startbedingungen bzw. die früheren Lebensbedingungen. Teilweise wurden sie durch Schicksalsschläge erschüttert. Heute sind alle erfolgreich und vor allem eines: glücklich!

Kleiner Einschub: Ich verwende der Einfachheit halber im Text immer die männliche Form der Substantive. An alle Fans des Genderismus: Stellen Sie sich bitte einfach vor, dass ich immer die weibliche Form hinzufüge (Bsp.: Teilnehmerinnen und Teilnehmer) oder die neutrale Form verwende (Publikum statt Zuschauer).

Eben weil ich eben beispielhaft oft mein Tourette-Syndrom erwähne, halte ich es für wichtig, Ihnen kurz zu erklären, was das eigentlich ist und wie ich damit umgehe, bevor es dann „richtig losgeht".

1.1 Was ist das eigentlich: Tourette?

Tourette – das sind Zuckungen im Gesicht oder von Armen und Händen, Schulterverdrehen, Kopfschütteln, Augenkneifen, Grimassenschneiden, Grunzen, Schnauben oder das mehrfache Rufen oder Brüllen von Schimpfwörtern und Obszönitäten wie „Arschloch", „Nutten" oder „Heil Hitler" – die Symptome sind vielfältig. Menschen mit dem Tourette-Syndrom können in ihrer Umwelt für mächtig Irritation sorgen. Je nach Häufigkeit und Heftigkeit der Tics schränken diese die Lebensqualität der Betroffenen erheblich ein.

Hand aufs Herz: Möchten Sie im Kino neben einer Person sitzen, die in einer Tour komisch zuckt, sich merkwürdig bewegt oder alle paar Minuten ein für Sie unschönes Wort ausspricht?

Je nach Heftigkeit des Tourette-Syndroms ist es für viele Mitmenschen „sozial unverträglich".

Das Tourette-Syndrom ist medizinisch gesehen keine seelische Störung, sondern eine neuropsychiatrische Erkrankung. Es beginnt meistens in der frühen Kindheit. Viele Kinder machen Phasen mit sogenannten Tics durch, häufig verschwinden sie nach einiger Zeit wieder. Bei einem von zehn Kindern bleiben die Symptome jedoch bestehen. Wenn die Symptome dauerhaft bleiben und sich (in vielen Fällen) sogar verstärken, spricht man vom Tourette-Syndrom.

Wodurch Tourette entsteht, ist bislang unbekannt. Experten schätzen, dass rund ein Prozent der Menschen ein Tourette-Syndrom entwickelt. Bisher gibt es keine Heilungsmöglichkeiten. Die Symptome können jedoch medizinisch und durch Verhaltenstherapie gemildert werden.

Das Tourette-Syndrom wurde 1885 erstmals beschrieben, und zwar von einem französischen Mediziner namens Gille de la Tourette. Daher auch der Name.

Es werden neuronale und verbale Tics unterschieden. Typische Tics sind z.B. Augenblinzeln oder -zukneifen, Verziehen des Mundwinkels oder plötzliches Mundöffnen, Muskelzuckungen der Extremitäten (z.B. plötzliches symmetrisches Armbeugen), Naserümpfen, Räuspern oder sonstige Lautäußerungen, bis zu Schimpf- oder Fäkalwörter, die die Betroffenen zusammenhangslos und „wie aus heiterem Himmel" aussprechen müssen.

Ich selbst habe fast alle der oben genannten Symptome. Lediglich den Tic, Schimpf- und Fäkalwörter zu rufen, habe ich zum Glück nicht.

Da dieses jedoch kein medizinscher Ratgeber sein soll, möchte ich das Thema Tourette an dieser Stelle nicht weiter vertiefen. Wenn Sie mehr wissen möchten, dann finden Sie weiterführende Informationen auf www.tourette-gesellschaft.de

1.2 Und was ist eigentlich „normal"?

Es gibt so viele unterschiedliche Formen des Seins, des Fühlens und des Denkens. Leider wird in unserer Gesellschaft schnell etwas als „Krankheit" klassifiziert, nur weil das Gehirn einer Person anders funktioniert als bei den vermeintlich „Normalen". Es wird eine bestimmte Norm angelegt und alle, die sich entsprechend der Norm verhalten, sind normal.

Haben Sie das Wort schon einmal genau betrachtet? Für mich besteht es aus zwei Teilen: aus „Norm" und „al"(l) – also die Norm, die für alle gelten soll. Doch was ist mit all den Menschen, die besondere Persönlichkeitszüge haben (in der Psychologie auch gerne als „Persönlichkeitsstörung" bezeichnet) oder mit denjenigen, die ADHS, ADS, Asperger, Autismus oder ähnliche Diagnosen haben? Sind die wirklich krank?

Meine Antwort darauf ist: Nein! Sie sind nicht krank, sie handeln und denken aus ihrer eigenen Welt, aus ihrer eigenen Wahrnehmung heraus. Häufig sind es Menschen mit besonderen Begabungen, die aber im schlimmsten Fall nicht gefördert werden, weil der Stempel „krank" vergeben wurde.

Wenn ich mit Menschen darüber spreche, dann nehme ich gerne die Schizophrenie als Beispiel. Es gibt Formen der Schizophrenie, bei denen Menschen etwas wahrnehmen, was andere nicht wahrnehmen können. Medizinisch gesehen sprechen wir von „Wahn". Die Wahn-Wahrnehmung gibt es in unterschiedlichsten Ausprägungen. Manche hören Stimmen, andere sehen Lebewesen, Fantasiewesen etc., wieder andere haben bestimmte Ahnungen (Verfolgungs-Wahn, Eifersuchts-Wahn etc.). Wer sagt denn eigentlich, dass diese Menschen wirklich krank sind? Vielleicht sehen und fühlen diese Menschen etwas, was wir „Normalen" nicht wahrnehmen können? Nur, weil wir anderen es nicht sehen und wahrnehmen können, heißt das noch lange nicht, dass diese Dinge nicht da sind. Zugegeben, dass sind sehr philosophische Betrachtungen, und Menschen mit Wahn-Vorstellungen haben es in unserer Gesellschaft sehr schwer.

Abgeleitet vom Thema Wahn: Was ist eigentlich die wahre Bedeutung von „wahnsinnig"? Kann eine „wahn-sinnige" Person vielleicht mit ihren Sinnen mehr wahrnehmen als andere? Oder haben betroffene Personen vielleicht den sprichwörtlichen siebten Sinn?

Ich habe meine Andersartigkeit seiner Zeit immer als Makel gesehen. Um mein marodes Selbstwertgefühl zu stärken, glänzte ich durch Höchstleistungen im Job, ich habe regelmäßig zwölf bis 16 Stunden an sechs Tagen die Woche gearbeitet. Irgendwann kam eines zum anderen: gesundheitlicher Einbruch, Finanzsorgen (weil meine Ausgabenseite zu hoch war), Todesfälle nahestehender Personen (unter anderem beider Elternteile) und noch ein paar Katastrophen. Es endete im Burn-out und in der psychosomatischen Klinik.

Ich werde ein bestimmtes Gespräch mit einer der Klinik-Psychologinnen dort nie vergessen. Ich musste einen Test ausfüllen. Am Ende des Tests kam die Auswertung und ich wurde zu der Psychologin gerufen. Sie sagte sinngemäß Folgendes zu mir: „Sie haben eindeutig zwanghafte und selbstunsichere Persönlichkeitszüge. Ihre erreichte Punktzahl ist so hoch, dass ich Ihnen sogar die Diagnose ‚Persönlichkeitsstörung' geben könnte. Dann bekämen Sie sofort alle notwendigen Therapien – ohne Wartezeiten." Auf meine Frage, was das für mein Leben bedeuten würde, sagte sie sinngemäß: „Na ja, Sie wären erstmal für die nächsten Jahre erwerbsunfähig." Das wollte ich definitiv nicht! Ich war viel zu jung, um nicht mehr zu arbeiten, und meine Arbeit machte mir ja auch Spaß!

Ich fing ab diesem Zeitpunkt an, mein Leben komplett zu verändern. Es war ein langer und streckenweise steiniger Weg. Aber er hat sich gelohnt. Heute stehe ich als Rednerin auf der Bühne – am liebsten mit meinem Herzensthema „Selbstwert". Eine meiner Keynotes und ein gleichnamiges Buch von mir heißt: „Selbstwert ist Geld wert. Doch was bist Du Dir wert?" In jenem Buch finden Sie viele Übungen, wie Sie Schritt für Schritt Ihr Selbstwertgefühl stärken können. Heute mache ich Menschen Mut – Menschen in Umbruchphasen, Menschen, die Selbstzweifel haben, Menschen, die sich nicht gut genug fühlen. Also: Lassen Sie sich nicht einfach den Stempel „krank" oder „nicht normal" aufdrücken. Entscheiden Sie selbst, wie Sie sich fühlen und ob Sie ein selbstbestimmtes Leben leben wollen!

Eine weitere Schlüsselszene in meinem Leben war der Moment, als ich jemanden kennenlernte, der einen Film mit Tourette-Betroffenen gedreht hat. Er sagte zu mir, in seinen Tests und Studien im Rahmen dieser Reportage habe er seinerzeit festgestellt, dass Tourette-Betroffene bis zu viermal schneller denken würden als andere. Auf welcher Grundlage diese Studie beruht, mit wie vielen Betroffenen er die Tests gemacht hat und ob sie repräsentativ ist, das weiß ich nicht. Im Internet ist darüber nichts zu finden. Aber darum geht es auch nicht. Er hat mit diesem Satz etwas Grundlegendes in mir bewirkt: Ich habe das erste Mal einen Vorteil an meiner Gen-Besonderheit sehen können – denn es stimmt, ich denke sehr schnell. Früher habe ich es als „sprunghaft" bezeichnet. Ich habe Menschen wahnsinnig (da ist wieder dieses Wort!) damit gemacht, dass ich gedanklich immer schon drei bis fünf Schritte weiter war. Geduld war nie meine Stärke. Dass mein sprunghaftes Denken jedoch aus der Stärke des schnellen Denkens heraus resultiert, war mir bis zu diesem Zeitpunkt nicht bewusst. Heute nutze ich diese Stärke gezielt. Mir wurde klar, dass ich nicht „krank", sondern in dieser Hinsicht einfach „mehr als normal" bin.

Ich habe seinerzeit angefangen, meine Gedanken zu verändern. Es war nur einer von vielen vielen Schritten, und es war eine lange Prozessarbeit. Doch alles beginnt mit einem ersten Gedanken, mit einem ersten Schritt.

 Heute weiß ich aus tiefstem Herzen: Das Verändern der Gedanken verändert das Leben!

In unserer Gesellschaft ist es leider so, dass Menschen schnell in Schubladen gepackt werden, nicht nur auf Krankheiten bzw. Besonderheiten bezogen. Wenn jemand eine Insolvenz beantragen muss, egal aus welchem Grunde, hat er über viele Jahre Probleme, bis hin zum Verlust seiner Zulassung in bestimmten Berufen. Es ist völlig unerheblich, wodurch die Insolvenz entstanden ist. Er ist einfach nicht „normal", wird „Mensch zweiter Klasse".

Anderes Beispiel: Heutzutage gehen viele Ehen auseinander. Wenn der Mann auszieht und das Kind, die Kinder bei der Mutter bleiben, wird das als „normal" angesehen. Der Mann verliert dadurch nicht seinen Ruf. Wenn jedoch die Mutter auszieht und das Kind, die Kinder beim Vater bleiben, dann wird die Mutter schräg angesehen und der Vater dafür bewundert, dass er alleinerziehend ist und wie er das alles schafft. Das ist dann „nicht normal". Nicht die Norm.

Beides habe ich selbst erlebt. Doch dazu im Laufe des Buches mehr.

Wieder einmal stellt sich die Frage: Wer definiert, was „normal" ist? Durch welche Brille betrachten wir die Welt? Wer definiert, was richtig ist? Welche Wahrheiten gibt es noch, die wir vielleicht gerade nicht sehen können? Und: Wie real ist die Realität? Was an unserer Wahrnehmung ist wirklich wahr? Wie *will* ich die Realität gerade wahrnehmen?

Mit diesen Fragen überlasse ich Sie Ihrer Reflexion.

1.3 Mein Empfinden der Tourette-Tics

Versuchen Sie einmal, Ihre Augen möglichst lange geöffnet zu halten. Das kann für eine ganze Weile funktionieren, doch irgendwann müssen Sie einfach blinzeln, Sie können nicht anders. Vielleicht ist es bei Ihnen sogar so, dass Sie, je länger Sie versuchen, Ihre Augen geöffnet zu halten, die Augen dann besonders stark oder mehrmals zukneifen müssen. Ich glaube, mit diesem Gefühl kann man meine Tourette-Tics am besten beschreiben. Solange ich ruhig bin, solange alles entspannt ist und ich die Tics einfach kommen und gehen lasse, fallen sie (inzwischen) vielen Menschen gar nicht mehr auf. Je mehr ich jedoch versuche, die Tics zu unterdrücken, oder je aufgeregter ich bin, umso stärker sind die Tics.

Und noch einen Vergleich gibt es zum Thema „blinzeln": Wenn Sie anfangen, darüber nachzudenken, wann und wie oft Sie blinzeln, merken Sie das Blinzeln umso stärker, oder?

Kennen Sie das Gefühl, wenn Sie gähnen müssen und versuchen, es zu verbergen, weil es gerade unpassend ist? Auch wenn Sie versuchen, es zu unterdrücken, verzieht sich das Gesicht oft ein wenig und andere bemerken, dass irgendetwas anders ist. Oder: Es juckt Sie und Sie können sich gerade nicht kratzen. Je mehr Sie sich darauf konzentrieren, nicht zu kratzen, desto stärker wird dieses Gefühl. Manchmal geht es dann von alleine weg. In dem Moment, wo Sie sich darauf konzentrieren, nicht zu gähnen oder sich nicht zu kratzen, sind Sie mit sich beschäftigt und wirken auf andere nicht präsent.

Genauso ist es mit den Tics. Je mehr ich darüber erzähle (oder schreibe, so wie jetzt), umso stärker sind sie. Während des Schreibens über die Tics sind sie gerade besonders stark. Wenn ich versuche, sie zu unterdrücken, wird im Außen häufig bemerkt, dass irgendetwas „komisch" ist.

Was bedeutet das für meinen Alltag? Im normalen Alltag habe ich inzwischen kaum noch (soziale) Einschränkungen durch das Tourette-Syndrom. Das war nicht immer so. Es nervt zwar und verursacht auch teilweise Schmerzen (durch einige Bewegungen verkrampfe und verspanne ich des Öfteren im Nackenbereich oder habe Handgelenks- oder Schulterschmerzen), aber ich kann inzwischen sehr gut damit leben.

Was für Tics habe ich? Stirnrunzeln, Mundwinkelverziehen, Augenkneifen und -zwinkern, schnelles „Kopfwackeln" (das ist schwer zu benennen … es ist wie sehr schnelles Nicken), Räuspern, Grunzlaute und Arm- bzw. Handgelenkverdrehen, Nachhintenschauen (ich „muss" dann meinen Kopf zur Seite und nach hinten drehen, was für Menschen neben mir manchmal verwirrend ist).

Wenn ich ruhig bin, sind die Tics (inzwischen) sehr milde. Im normalen Alltag werden sie von anderen deshalb wie gesagt kaum bemerkt. Ein Räuspern kann in ein Husten verwandelt werden, nach hinten schaut jeder mal, die Gesichts-Tics fallen in der Ruhe eh wenig auf und auch die Arm-/ Handgelenk-Tics können in andere Bewegungen eingebaut werden.

Einen kuriosen Tic habe ich noch: Wenn meine eine Hand ein bestimmtes Gefühl hat (warm, kalt, weich, hart etc.), muss ich zwingend mit der anderen Hand das gleiche Gefühl haben. Wenn das nicht geht, ist das unglaublich quälend für mich und ich brauche dann einen stärkeren Impuls (zum Beispiel muss ich mich in die Hand kneifen). Aber auch das fällt vielen Menschen nicht einmal auf.

Da die Tics irgendwie ständig und andauernd da sind (wenn auch nicht immer für andere bemerkbar), hat sich mein Denken und Fühlen früher sehr stark um die Tics gedreht. Ich habe mich oft auf mein Tourette-Syndrom reduziert und war der festen, tiefen Überzeugung, dass ich deshalb abgelehnt und nicht gemocht wurde.

Hierzu mehr im Kapitel 3.1 „Die sich selbst erfüllende Prophezeiung".

Wenn ich aufgeregt bin, dann sind die Tics stärker. Das ist sehr ungünstig, wenn man als Trainerin in ein Seminar startet oder als Rednerin auf der Bühne steht. Von daher gibt es seit einigen Jahren von mir ein paar kurze erläuternde Worte zum Einstieg. Je mehr ich die Tics erlaube und zulasse, umso unscheinbarer sind sie für die Außenwelt. Ich erkläre mein Syndrom anderen gerne mit den Worten „Ich habe Schluckauf im Gehirn" oder „Ich ticke nicht ganz richtig".

Ich kündige die Tics also an, aus zwei Gründen. Einen habe ich oben schon genannt: Die Tics sind ruhiger, wenn ich mir erlaube, sie zuzulassen. Es gibt aber auch noch einen zweiten Grund: Wir Menschen versuchen immer das, was wir sehen und erleben, zu „kategorisieren" und einzuordnen, vor allem, wenn uns etwas irritiert. Ich kann nicht davon ausgehen, dass mein Publikum weiß, was mit mir los ist. Und es gibt immer feinfühlige Personen im Publikum oder Menschen, die sehr gut beobachten. Dann wird schnell interpretiert (zum Beispiel: „Oh, sie ist aber nervös, unsicher. Warum weicht sie meinem Blick aus?"). Manchmal wird eine „Besonderheit" auch nur unbewusst wahrgenommen. Dann stört irgendetwas und der Zuschauer bzw. Teilnehmer kann das noch nicht einmal in Worte fassen. Er fängt an darüber nachzudenken, was es sein könnte, und ist abgelenkt.

Wenn ich die Erklärung im Vorfeld gebe, können die Teilnehmer und Zuschauer sich ganz auf mich und meinen Inhalt konzentrieren und sind nicht abgelenkt von etwas, was sie zu interpretieren versuchen.

Manchmal frage ich mich: Was ist eigentlich besser? Wenn man offensichtlich und auffällig anders ist oder wenn es nicht sofort auffällt? Es gab Zeiten, da hätte ich geantwortet: Variante eins! Dann wissen die Menschen wenigstens sofort, was mit einem los ist! Wenn es nicht sofort auffällt, dann werden die Maßstäbe eines „Normalen" angesetzt und merkwürdige Verhaltensweisen, ungewohnte Körperbewegungen und Zuckungen werden als irritierend empfunden.

So manches Mal war ich es leid, mich immer wieder erklären zu müssen. Wobei: Gezwungen hat mich keiner dazu, außer mein mangelndes Selbstwertgefühl und der Wunsch danach, anerkannt zu werden.

Heute bin ich froh, zu denjenigen zu gehören, denen man es nicht auf den ersten Blick anmerkt. Dadurch führe ich ein weitestgehend normales Leben. Ich war über 20 Jahre im Vertrieb in der Finanzdienstleistungsbranche tätig und bin seit mehr als zwölf Jahren als Trainerin unterwegs. Anscheinend hat mein Syndrom mein Umfeld, meine Kunden, meine Teilnehmer viel weniger irritiert, als ich es empfunden habe.

Ich habe mir deshalb die Frage gestellt: Wie real ist die Realität? Ist es wahr, was ich wahrnehme? Klare Antwort: Nein! Wir nehmen die Realität immer durch unsere eigene Brille wahr. Wie diese Brille aussieht und in welcher Weise sie verzerrt, das liegt an unseren Erfahrungen, Einstellungen, Werten und Glaubenssätzen. Wenn ich glaube, dass andere sich an meinen Tics stören, dann filtere ich nur die Wahrnehmung aus der Realität, die meine Annahme auch unterstützt. Hierzu mehr im Kapitel „Die sich selbst erfüllende Prophezeiung". Mein Tourette hat mein Leben lange Jahre massiv beeinträchtigt und ich habe mich selbst klein gemacht. Doch heute weiß ich: Ich bin mehr als das Tourette-Syndrom.

1.4 Was mich manchmal ärgert und manchmal belustigt

Welches Verb ist passender? Ärgern oder belustigen? Ich entscheide mich für belustigen, denn wenn wir uns ärgern, dann schaden wir in allererster Linie nur uns selbst.

Wie meine ich das? Wenn Sie sich über irgendwen oder über irgendetwas ärgern, dann sind in erster Linie Sie selbst die Person, die schlechte Gefühle bekommt oder bereits hat. Das Ärgern macht etwas mit Ihnen, mit Ihrer Laune, Ihrem Gefühlsleben. Und der andere, dem der Ärger gilt, merkt es vielleicht noch nicht einmal oder es ist ihm vielleicht egal. Ihnen geht es schlecht und der andere macht dennoch so weiter wie bisher. Wollen Sie sich wirklich durch andere Menschen die Laune verderben lassen?

Zugegeben, manchmal ist Ärgern einfach menschlich, vor allem, wenn wir enttäuscht oder allein gelassen werden, wenn andere Menschen rücksichtslos handeln oder wenn irgendetwas (aus unserer Sicht) fürchterlich Ungerechtes passiert. Doch manchmal können die anderen nicht einmal etwas dafür, dass sie bei uns Ärger auslösen, manchmal sind sie schlichtweg gedankenlos oder uninformiert. Das wissen wir ja oft nicht. Dann müssten wir uns eigentlich nicht ärgern. Wir können sie aufklären, ihnen mit Informationen begegnen, und dann ändern sie womöglich ihre Haltung.

Und dann gibt es die Menschen, die sich durch Abwertung von anderen selbst aufwerten wollen, die es für ihr eigenes Ego, für ihr eigenes Wohlbefinden brauchen, sich über andere zu stellen. Mit diesen Menschen können Sie nicht reden, sie sind für eine Änderung ihrer Einstellung häufig nicht zugänglich, denn:

- Sie sehen ihre Meinung als absolute Wahrheit an. Ihre Wahrnehmung ist die richtige. Sie fühlen sich im Recht.
- Sie wehren Ihre Argumente ab, und selbst wenn sie insgeheim merken, dass es vielleicht noch andere Betrachtungsweisen gibt, können sie das vor Ihnen nicht zugeben.

Über wieder andere Menschen könnten Sie sich ärgern, weil diese Sie zwar nicht direkt abwerten, aber ständig ohne nachzudenken unangebrachte Sprüche bringen. Haben Sie beispielsweise schon einmal

den Spruch gehört: „Da bekomme ich doch gleich einen Tourette-Anfall."
Menschen, die diesen Spruch verwenden, tun das meistens, wenn sie sich über irgendetwas ärgern oder genervt sind. Früher hätte ich mich über so einen Spruch geärgert – heute weiß ich: Die Menschen wissen es nicht anders und meinen es auch gar nicht böse oder persönlich. Ich sage dann gerne: „Übrigens – ich habe Tourette, aber ein Anfallsleiden habe ich nicht."

Wenn solche oder ähnliche Sprüche verwendet werden, dann denken diese Personen wahrscheinlich nur an die Tourette-Betroffenen, die verbale Tics haben. Spannend zu beobachten ist die Reaktion dieser Personen, wenn ich sage: „Übrigens, ich habe Tourette." Häufig entsteht eine – für die andere Person – etwas peinliche Situation. Früher hätte ich das nicht gesagt, hätte geschwiegen, aus Angst davor, dass der andere mich nicht mehr mag, wenn ich mich oute oder ihn in eine peinliche Situation gebracht habe. Und ich hätte mich geärgert. Das ist zum Glück heute anders, und Sie werden Stück für Stück in diesem Buch erfahren, wie ich es geschafft habe.

Ich entscheide mich heute oft für die „Belustigung" statt des „Ärgers" – warum sollte ich mir von den Gedankenlosen den Tag verderben lassen? Ich habe (es) in der Hand, wie ich etwas sehe und bewerte.

Wie ist das mit Ihnen und Ihrer „Besonderheit"? Wollen Sie sich ärgern? Oder amüsieren Sie sich lieber? Welche Gefühle tun Ihnen gut?

1.5 Meine persönliche Reise

Warum gibt es überhaupt so komische Krankheiten?

Wenn ich diese Frage wirklich beantworten könnte, dann würde ich jetzt sicherlich nicht dieses Buch schreiben, sondern wäre als Prophetin ausgebucht. Vielleicht auch als Expertin für Heilung, denn wenn ich die Ursachen kenne, dann kann ich wahrscheinlich auch die Wurzel allen Übels packen und behandeln.

In diesem Kapitel geht es mir um das Thema der inneren Einstellung: Oft können wir Dinge nicht ändern. Wir können nur das Beste daraus machen. Wozu ist das gut?

Ich habe versprochen, in diesem Buch viel über mich preiszugeben. Meine heutige Einstellung zu meinem Leben verdanke ich verschiedenen Methoden und Dingen. Vieles hat mit dem Thema Spiritualität zu tun. Die Heilung meiner tiefsitzenden Ängste, Selbstzweifel und körperlichen Krankheiten verdanke ich verschiedenen Methoden und Techniken.

Wenn es Ihnen leichtfällt, mal eben so Ihr Denken zu verändern, dann möchte ich Ihnen an dieser Stelle gratulieren. Mir fiel es damals alles andere als leicht. Ich war Opfer, ich fühlte mich abgelehnt, ausgegrenzt, ungeliebt und hatte das Gefühl, nie zu genügen.

Aus heutiger Sicht betrachtet war das eine völlig verschobene und groteske Wahrnehmung, denn im Grunde genommen war ich erfolgreich, unglaublich viele Menschen unterschrieben bei mir ihre Versicherungen, erfüllten sich durch meine Beratung und Finanzierungsvermittlung den Traum der eigenen Immobilie, schlossen Ratenkredite bei mir ab und kamen zu meinem Existenzgründungscoaching. Meine Mitarbeiter vertrauten mir, Aberhunderte Teilnehmer hörten mir in Seminaren zu, und Freunde hatte ich auch immer. Es gab immer Menschen, die voll und ganz zu mir hielten, mich liebten und an mich glaubten. Diese Menschen sahen etwas in mir, was ich selbst nicht wahrnehmen konnte. Objektiv gesehen hätte ich rundum zufrieden und glücklich sein können. War ich aber nicht! Denn ich selbst glaubte nicht an mich und meine Fähigkeiten. Und obwohl mir so viele Menschen das Vertrauen schenkten, war meine innere Stimme immer lauter und rief: „Du bist nicht gut genug! Du bist es nicht wert! Du musst dich noch mehr anstrengen! Du musst besser sein als andere, um wahrgenommen zu werden! Du musst mehr arbeiten als andere! Du musst, du musst, du musst …!"

Meine innere, negative, zerstörerische Stimme war so laut, dass ich die Stimmen im Außen nicht wahrgenommen habe. Meinen wahren Kern, meine wahren Stärken sah ich nicht.

Im Folgenden gebe ich ein wenig von dem preis, was mir geholfen hat. Achtung: Wenn Sie ein Gegner von spirituellen Methoden sind, sollten Sie den Rest dieses Kapitels überspringen … wobei das Thema Spiritualität natürlich ein sehr breites Feld ist. Wo fängt Spiritualität an und wo hört sie auf? Einige der Methoden sind durchaus schon in der Mitte der Gesellschaft angekommen, wie zum Beispiel die Hypnose oder das Thema Familienaufstellung. Bei einer Hypnose würde kaum jemand auf die Idee kommen und sie als „Spinnkram" oder „esoterischen Schnickschnack" bezeichnen. Anders beim Thema „Familienaufstellung". Hier scheiden sich die Geister. Wenn Sie schon einmal eine Familienaufstellung mitgemacht haben, dann wissen Sie, wovon ich spreche. Es ist spannend und faszinierend, doch schwer zu erklären.

Kleiner Exkurs (für diejenigen, denen das Thema Familienaufstellung unbekannt ist), in einfachen, nicht wissenschaftlichen Worten: Bei einer Familienaufstellung werden Familienkonstellationen nachgestellt, und zwar mit Personen, die die Familienmitglieder weder persönlich noch aus Erzählungen kennen. In der Praxis sieht es dann in etwa wie folgt aus: Im Raum befinden sich mehrere Personen (meistens so fünf bis 20). Ob sich diese Personen schon kennen oder nicht, ist unerheblich. Wichtig ist nur, dass sie nicht zu viel über die Person (die ihre Familie aufstellen will) und deren Familienkonstellation sowie über das Verhältnis der Familienmitglieder untereinander wissen sollten – am besten wissen sie im Vorfeld gar nichts. Dann wählt die Person, die ihre Familie aufstellen möchte, aus der Gruppe sogenannte Stellvertreter aus (je nach Aufstellungsleiter/Trainer auch für sich selbst). Diese Personen werden dann im Raum aufgestellt – rein intuitiv. Die Stellvertreter fühlen in sich hinein und der Aufstellungsleiter/Trainer stellt Fragen.

Irgendwann handeln und agieren die Personen im Raum genau wie diejenigen, in dessen Stellvertreterrolle sie geschlüpft sind. Das ist faszinierend zu sehen, und zu spüren. Ich selbst habe Gefühle in einer Familienaufstellung kennengelernt, die mir bis zu diesem Zeitpunkt völlig unbekannt waren.

Warum eine Familienaufstellung funktioniert, kann wissenschaftlich nicht erklärt werden. Aber sie funktioniert. Ist es deswegen eine spirituelle Methode? Die Grenzen sind fließend. Wenn Sie wissenschaftlich fundierte Methoden, medizinisch anerkannte Methoden haben wollen, ist dieses Kapitel nicht das richtige für Sie. Wenn Sie jedoch wissen wollen, was mir geholfen hat, nehme ich Sie in diesem Kapitel mit auf meine persönliche Reise.

Vorab noch eines: Meine tiefe Überzeugung ist: Nichts passiert ohne Grund im Leben. Oscar Wilde hat einmal sehr passend geschrieben: „Am Ende ist alles gut. Und wenn es noch nicht gut ist, dann ist es noch nicht das Ende."

Ich habe bis zu meinem 39. Lebensjahr ziemlich viel Mist, Tiefschläge, Schicksalsschläge erfahren. Doch alles hatte seinen Sinn. Ohne diese Erfahrungen würde ich dieses Buch nicht schreiben. Ohne diese Erfahrungen wäre ich heute nicht da, wo ich bin. Ich möchte keiner dieser Erfahrungen – jetzt im Nachhinein – missen. Ich möchte sie aber auch nicht wiederholen müssen und ich wünsche jedem, dass er Erfahrungen auf sanftere, weniger schmerzhafte Weise machen darf.

>  Noch eines habe ich in meinem Leben gelernt: Wenn wir eine Lernerfahrung nicht annehmen, dann bekommen wir sie immer und immer wieder. Sie kommt in unterschiedlicher Ausprägung und wird immer schlimmer. So lange, bis wir es verstanden haben und etwas ändern.

Hier ein kleiner Vergleich aus der Medizin: Mal angenommen, Sie haben Schmerzen. Ihr Handgelenk tut weh, so sehr, dass Sie es kaum noch bewegen können. Sie können nun mit Schmerzmitteln das Symptom (also den Schmerz) lindern. Vielleicht müssen Sie irgendwann immer mehr Schmerzmittel nehmen, weil sich der Körper daran gewöhnt oder die Schmerzen schlimmer werden. Sie werden aber keine Heilung erfahren, solange die Ursache nicht geklärt ist. Vielleicht überlasten Sie permanent Ihr Handgelenk. Durch die Schmerzmittel betäuben Sie den Schmerz und machen mit der Überlastung weiter. Das kann nicht gut gehen. Vielleicht schmerzen irgendwann sogar der ganze Arm und die Schulter. Erst, wenn Sie anfangen, Ihr Handgelenk zu schonen und Ihr Leben (das Handgelenk betreffend) zu verändern, kann Heilung eintreten.

Methoden gibt es viele und jede hat seine Berechtigung. Ich nehme als Vergleich gerne das Buffet: Man sollte das eine oder andere probieren, aber es muss und wird einem nicht alles schmecken. Wenn etwas nicht funktioniert, dann probiert man etwas anderes.

Es gibt viele Menschen im Bereich der „Heilung", die ihre Methode als „die Methode aller Methoden" darstellen. Es ist in deren Augen die Wundermethode, das Wundermittel schlechthin. Aus Sicht dieser Personen ist das wahrscheinlich auch richtig, denn die Methode ist ja nicht ohne Grund zu dieser Person gekommen. Wahrscheinlich hat diese Person mit genau dieser Methode ihre eigenen Themen wunderbar behandeln können oder auch die Themen von anderen Personen. Es ist wie mit homöopathischen Mitteln. Die einen schwören auf Globuli, die nächsten auf Heilsalze (z.B. Schüssler Salze), auf Heilpflanzen (z.B. in Form von Tees) oder Heilblüten (z.B. Bachblüten), andere wiederum arbeiten mit ätherischen Ölen oder mit Nahrungsergänzungsprodukten. Und klassische Schulmediziner behaupten vielleicht: Das ist alles nur Hokuspokus – und verschreiben Medikamente. Doch wer hat nun recht? Alle? Keiner? Die Wahrheit liegt dazwischen und hängt insbesondere von demjenigen ab, der behandelt wird.

Mein Weg war eine Mischung aus vielen Methoden und Naturheilmitteln. Ich konzentriere mich im Folgenden auf die Methoden. Unterstützt habe ich meine eigene Heilung mit all den oben genannten Naturheilmitteln – natürlich nicht auf einmal, sondern mit zeitlichem Abstand. Heute nutze ich in erster Linie (in Stresszeiten) einige wenige Nahrungsergänzungsprodukte (wobei ich versuche, meine Nährstoffe, Vitamine und Mineralstoffe hauptsächlich aus der Nahrung zu erhalten und nicht aus „Pillchen" und Pülverchen) und ätherische Öle, die bei mir „Wunder" bewirkt haben.

Nun zu meiner versprochenen persönlichen Reise:

Ich war sehr lange auf der Suche. Das war mir seinerzeit jedoch nicht so bewusst. Ich wollte möglichst viele Methoden für meine Kunden lernen, um ein möglichst großes Buffet anbieten zu können. Wenn ich heute zurückblicke, habe ich hauptsächlich meine eigene Heilung gesucht. Die Suche nach dem Königsweg, nach der Methode aller Methoden.

Ich machte meinen Heilpraktiker für Psychotherapie. In dieser Ausbildung lernte ich viele Methoden kennen, die ich dann in Spezialkursen vertiefte. Doch meine Entwicklung lief Schritt für Schritt, es kam ein Puzzleteil zum anderen hinzu. Dazu gehörte zum Beispiel auch die bereits erwähnte Familienaufstellung. In meinen eigenen Aufstellungen wurde mir viel bewusst. Plötzlich konnte ich Dinge aus einer anderen

Perspektive sehen. Ich verstand vieles. Doch das war erst der Beginn meiner Reise. Durch das Verstehen konnte ich einige Einstellungen verändern.

Ich machte eine Rückführungsausbildung und bekam in den eigenen Behandlungen weitere Antworten. „Rückführung" bedeutet, dass man in einer Art Hypnose in eine frühere Zeit des Lebens (zum Beispiel in die Kindheit) zurückversetzt wird oder in vermeintliche frühere Leben.

Ich war so fasziniert von der Methode, dass ich selbst viele Rückführungen angeleitet habe. Meine Haupterkenntnis: Es ist völlig unerheblich, ob Sie an vergangene Leben glauben oder nicht – das Unterbewusstsein zeigt Ihnen Bilder, mit denen man dann weiterarbeiten kann. Woher die Bilder kommen, ob aus aktiven oder energetischen Erinnerungen, ob aus dem Fernsehen oder weil Sie irgendwann mal etwas gehört haben, ist völlig egal! Fakt ist, diese Bilder sind in Ihrem Unterbewusstsein und machen etwas mit Ihnen. Einmal an die Oberfläche gebracht, kann man damit arbeiten. Und meistens kommen genau die Bilder, die gerade dran sind.

Dadurch angetriggert, habe ich eine Hypnose-Ausbildung gemacht und mich mit dem Thema „inneres Kind" beschäftigt. Später kam Reiki (Energieheilung) dazu. Auf meinem Weg begegnete ich Schamanen (und ließ mich behandeln), geistigen Heilern (die mich weiterbrachten) sowie hellsichtigen und hellfühligen Menschen. Ich ließ mich auf eine Aura-Behandlung ein und begegnete dem Thema Akasha-Chronik. All diese Themen möchte ich an dieser Stelle nicht vertiefen. Doch all diese Begegnungen (die in einem Zeitraum von ca. zehn Jahren passierten) brachten Schritt für Schritt neue Einstellungen, neue Erkenntnisse und ein neues Wohlbefinden in mein Leben.

Ich habe viele Antworten für mich gefunden. Antworten, die mir geholfen haben. Einen objektiven Beweis dafür, ob meine Antworten richtig sind, gibt es natürlich nicht. Doch das Wichtigste daran ist: Sie haben mir geholfen, heute ein Leben zu führen, das mich erfüllt und glücklich macht.

Eine starke Erkenntnis möchte ich Ihnen mit auf den Weg geben: Alle Antworten sind bereits in uns drin! Wir haben nur verlernt, diese Antworten selbst zu finden. All die oben genannten Methoden (und viele weitere) sind für mich „Geburtshelfer", um Antworten zu finden.

Heute meditiere ich mindestens fünfmal die Woche, meistens 20 bis 30 Minuten. Dadurch bekomme ich meine Antworten. Ich bekomme die Antworten jeweils zum richtigen Zeitpunkt. Ich habe auch eine Antwort für mich, warum ich das Tourette-Syndrom habe. Seit ich diese Antwort erhalten habe (einen Beweis dafür, ob es die richtige ist, kann ich natürlich nicht liefern – es gibt so viel zwischen Himmel und Erde, was wir nicht erklären können), kämpfe ich nicht mehr gegen mein Tourette-Syndrom an. Es gehört zu mir.

Noch vor einiger Zeit war ich davon überzeugt, irgendwann den Schlüssel dafür zu finden, dass das Tourette-Syndrom gehen darf. Doch damit habe ich unbewusst weiterhin gegen das Tourette-Syndrom angekämpft und es nicht akzeptiert – auch, wenn ich das immer behauptet hatte. Aber die Tatsache, dass ich Heilung gesucht habe, zeigt, dass es für mich immer noch ein Störfaktor war.

Es darf bleiben. Ich weiß heute, dass es mit einer besonderen Aufgabe verknüpft ist. Es nervt manchmal und ein Leben ohne wäre in vielen Facetten vielleicht entspannter und einfacher. Aber es ist meine besondere Aufgabe und es hat seinen Sinn.

Ich habe inzwischen viele Menschen kennengelernt, die ebenfalls durch Krankheiten eine besondere Daseinsform haben und die Dinge ähnlich sehen wie ich. Doch das ist ein Prozess. Das funktioniert in den meisten Fällen nicht von heute auf morgen. Jede Diagnose ist vielleicht erst einmal ein Schock. Jeder Mensch wünscht sich, gesund zu bleiben. Manche Menschen haben gerade durch ihre Besonderheit, durch ihre Krankheit, durch ihr Schicksal härtere Aufgaben (und dadurch speziellere Aufgaben) als vermeintlich gesunde Menschen – doch genau aus diesen Herausforderungen und Schicksalsschlägen entstehen oft ganz besondere Talente – oder diese Talente werden erst aufgrund der Erlebnisse erkannt und gesehen.

Wenn Sie auch ein Handicap, Defizit, eine besondere Herausforderung oder eine Krankheit haben, dann sind Sie die einzige Person, die das „Warum?" und das „Wozu?" dazu herausfinden kann. (Das „Warum" sucht Gründe in der Vergangenheit, das „Wozu" ist zielgerichtet in die Zukunft. Es sucht einen Sinn.) Doch es gibt viele Möglichkeiten von Helfern und Methoden, mit denen auch Sie Schritt für Schritt eine Antwort finden können.

Alles kommt zu seiner Zeit, und alles hat seine Zeit.

2. Krisen – wie sie entstehen und wie sie (meist) verlaufen

Jede Krankheit ist auch ein Schicksal bzw. ein Schicksalsschlag und löst oft eine Krise aus. Doch nicht jeder Schicksalsschlag hat etwas mit einer Krankheit zu tun.

Schicksalsschläge gibt es viele: Krankheit, Tod, Trennung, Arbeitslosigkeit, Verlust von Dingen oder Menschen, Geburt eines „behinderten" Kindes, Wohnungsbrand, Geldverlust, Verlust einer sozialen Zugehörigkeit etc. Die Liste lässt sich unendlich fortführen. Wir alle gehen anders mit Schicksalsschlägen um. Was für den einen fast das Ende der Welt bedeutet, ist für den anderen die große Chance des Neuanfangs. Und an diesem Satz können Sie schon eines feststellen: Wie gut wir einen Schicksalsschlag, eine neue Herausforderung meistern, liegt an uns selbst, an unserer inneren Einstellung und an dem Gefühl zu uns selbst.

Unsere innere Einstellung spiegelt sich in unserer Sprache. Wie sprechen Sie? Welche Worte verwenden Sie? Wie lange und ausführlich sprechen Sie über Krankheit oder Krisen? Je häufiger und ausführlicher wir über unsere negativen Themen sprechen, desto häufiger werden wir wieder damit konfrontiert und belasten unser Unterbewusstsein damit. Wenn sich etwas ändern soll, dann ist Sprache ein mächtiges Medium hierfür. An dieser Stelle möchte ich eine meiner Lieblingsweisheiten zitieren:

„Achte auf Deine Gedanken, denn sie werden Worte.
Achte auf Deine Worte, denn sie werden Handlungen.
Achte auf Deine Handlungen, denn sie werden Gewohnheit.
Achte auf Deine Gewohnheiten, denn sie werden Dein Charakter.
Achte auf Deinen Charakter, denn er wird Dein Schicksal."

(Der Ursprung dieser Weisheit ist umstritten; der englische Schriftsteller Charles Reade hat zu ihrer Verbreitung beigetragen. Seine Fassung soll auf ein chinesisches Sprichwort zurückgehen. In anderen Quellen wird diese Weisheit dem Talmud zugeschrieben.)

Je mehr wir uns mit negativen Dingen, Ereignissen und Schicksalsschlägen befassen, desto mehr Macht haben sie über uns und verhindern vielleicht, dass positive Dinge in unser Leben treten. Und selbst wenn etwas Positives passieren sollte oder sich eine Chance ergibt, dann verhindern negative Gedanken und Worte oft, dass wir dieses wahrnehmen.

Eine Veränderung der Gedanken, des Kommunikationsstils und der Sprache hat auch mit Loslassen und Akzeptanz zu tun. Hierzu mehr im Kapitel 2.4, Die 5 Phasen der Veränderung.

Unsere innere Einstellung bestimmt unsere Worte, unser Denken und unser Handeln. Es fängt schon damit an, ob wir bei einem Schicksalsschlag die Schuldfrage stellen.

2.1 Die Schuldfrage

Kennen Sie das? Schuld sind erst mal immer die anderen oder die äußeren Umstände! Herr Meier hat schlecht über mich geredet. Frau Müller schuldet mir noch Geld. Wenn Herr Schneider dieses oder jenes getan hätte (oder auch nicht), wenn Frau Wagner nicht ... Was auch immer.... Wenn die Börse nicht runtergegangen wäre, wenn mein Mieter regelmäßig seine Miete gezahlt hätte, wenn unsere Produkte günstiger/ besser wären, wenn ich auch so tolle Kunden hätte wie Frau Timmermann, wenn mein Vorgesetzter nicht ..., wenn ich mehr Geld, mehr Mut, mehr Kontakte, mehr Wissen ... hätte, ... Wenn, wenn, wenn ...

Gründe finden wir viele und Schuldzuweisungen sind leichter, als bei sich selbst anzufangen.

Das Außen können Sie jedoch nicht ändern. Dinge passieren, und aus irgendwelchen Gründen haben wir uns genau das, was passiert, in unser Leben gezogen.

Solange Sie noch versuchen, die Schuldfrage zu klären, sind Sie in der Opferhaltung. Das Thema „Schuld" bringt uns nicht voran, es bringt uns lediglich in eine schlechte oder traurige Stimmung. Natürlich ist es schlimm, wenn bestimmte Dinge passieren. Es ist auch sinnvoll, zu hinterfragen, warum Dinge passiert sind, denn das schützt uns davor, immer wieder die gleichen Fehler zu machen.

Vieles, was passiert, resultiert aus den Entscheidungen, die wir in der Vergangenheit getroffen haben. Sie selbst haben die Entscheidung für einen Arbeitgeber, für eine Partnerin oder einen Partner, für die Familie, für den Job, für die Kunden etc. getroffen.

Regt sich bei Ihnen gerade Widerstand? Kommen vielleicht gerade Gedanken hoch wie: „Die Kunden waren vorher schon da", „Ich musste den Job annehmen, weil …", „Ich bin ungewollt Elternteil geworden", „Ich kann doch nichts dafür, dass …". Dann rennen Sie noch genau in diesem gedanklichen Hamsterrad der Schuld und der Opferhaltung.

Oft kommen an dieser Stelle dann noch Beispiele wie: „Ich bin doch nicht schuld daran, wenn beispielsweise jemand stirbt …" Stimmt, das sind Sie (hoffentlich) nicht. Und wenn es eine nahestehende Person ist oder ein geliebtes Tier ist, dann tut ihr Tod weh und ist traurig! Die Phase der Trauer zu durchleben ist auch wichtig! Doch genauso wichtig ist es, irgendwann sein Leben weiterzuleben und nicht in der Opferhaltung zu verharren.

Anderes Beispiel: „Was kann ich denn dafür, dass mein Arbeitgeber insolvent geworden ist. Ich bin nur Opfer der Umstände …" Das stimmt ja vielleicht, dennoch können Sie schnellstmöglich die Chance für einen Neuanfang nutzen (neuer Arbeitgeber, Selbstständigkeit etc.). Dann kommen manchmal die Stimmen, die da sagen: „Du hast gut reden, wie soll ich in meinem Bereich einen neuen Job finden …"

Sorry, auch das ist nur eine Ausrede. Dann müssen Sie halt erst einmal etwas anderes machen.

 Manche Dinge können wir schlichtweg nicht ändern. Es bleibt uns nur die Möglichkeit, sie zu akzeptieren. Mit welcher Geisteshaltung wir die Dinge akzeptieren, obliegt jedoch uns ganz allein.

Fakt ist: Opfer suchen Schuldige. Opfer suchen Ausreden. Lebensbejahende Menschen und Gewinner suchen Lösungen.

Ein paar Beispiele aus meinem Leben:

- *Der Börsencrash 2001, ich hatte damals mein gesamtes Geld am neuen Markt investiert ... Der brach zusammen. Pech gehabt! Niemand hatte mich dazu gezwungen, mein Geld ausschließlich in Aktien anzulegen. Es war einzig und allein meine Entscheidung gewesen.*
- *In meinen Immobilien hausten über längere Zeit mehrere Messies und Mietnomaden. Deshalb musste ich irgendwann Insolvenz anmelden: Ich hatte keine Liquidität mehr, um die Wohnungen zu sanieren, denn die Mieten blieben aus, aber die Kredite mussten weiterhin gezahlt werden. Die Mieter waren teilweise von einer Verwaltung ausgesucht worden und nicht von mir. War ich deshalb unschuldig? Nein! Irgendwer hat ja die Verantwortung an die Verwaltung abgegeben ... Und das war ich selbst gewesen. Des Weiteren hatte ich viel zu viele Immobilien mit viel zu wenig Eigengeld gekauft. Hätte ich mehr Eigengeld investiert (und es nicht in Aktien angelegt), hätte ich die Mietausfälle gut verkraften können. Doch ein „hätte hätte" bringt mich nicht weiter.*
- *Zudem hatte ich mir nicht-zahlende Kunden ins Leben gezogen. Warum nur? In solchen Fällen hilft und half nur: hinterfragen, hinterfragen, hinterfragen – am besten zusammen mit einem Coach.*
- *Ich hatte schlecht bezahlte Aufträge angenommen (aus Angst, nicht genug Geld zu verdienen, weil noch kein anderer Auftrag in Sicht*

war): Hätte ich damals dazu „nein" gesagt, hätte ich die Zeit gehabt, andere Aufträge zu generieren. Aber aus Angst davor, meine Rechnungen nicht bezahlen zu können, blieb ich lange im schlecht bezahlten Sektor. Die Folge: Ich arbeitete viel zu viel für viel zu wenig Geld. Aber auch das war die Folge meiner Entscheidungen.

- *Ich bekam einen Bandscheibenvorfall: War die viele Arbeit schuld? Die mangelnde Bewegung? Vielleicht der Stress, den mir seinerzeit Kunden, Mitarbeiter etc. gemacht hatten (heute sage ich: den ich an mich herangelassen habe)? All das spielte sicherlich eine Rolle, doch die Entscheidung für das stressige, freizeitlose, ungesunde Leben hatte ich selbst getroffen.*
- *Meine Ehe zerbrach nach 16 Ehe-Jahren. Dazu gehören natürlich zwei Personen. Durch unsere vielen (selbstverursachten) „Schicksalsschläge" haben wir uns sehr gegensätzlich entwickelt. Die Basis fehlte. Ich traf irgendwann eine Entscheidung. Und zahlte einen hohen Preis dafür – nicht materiell, denn zu diesem Zeitpunkt gab es keine wesentlichen materiellen Werte mehr. Doch das ist eine andere Geschichte und gehört zum Glück der Vergangenheit an.*

Unser Leben besteht permanent aus Entscheidungen. Je bewusster uns das ist und je bewusster wir Entscheidungen treffen, desto gezielter können wir auf unsere Zufriedenheit und unser Glück hinarbeiten.

Unser Leben folgt in den meisten Fällen keinem gradlinigen Pfad. Wir bekommen Steine und Hindernisse in den Weg gelegt. Schon Johann Wolfgang von Goethe sagte einmal: „Auch aus den Steinen, die einem in den Weg gelegt werden, kann man Schönes bauen." Das stimmt auch oft. Hindernisse können überwunden werden. Gefährlich wird es jedoch, wenn es zu viele Hindernisse werden und wir mit dem Kopf unbedingt durch die Wand wollen. Wie viel Anstrengung ist dann gut? Wie weit sollte man gehen?

Manchmal ist ein Umdenken sinnvoll und ein anderer Weg leichter.

Doch je mehr wir in einem bestimmten Strudel gefangen sind, umso schwieriger kann es sein, einen klaren Kopf zu bewahren.

Manche Dinge kündigen sich lange vorher an. Doch so mittendrin, wie wir dann sind, sehen wir die Zeichen nicht, wollen sie vielleicht nicht sehen. Wir kämpfen gegen Widrigkeiten an oder machen andere Menschen, die Umstände oder was auch immer dafür verantwortlich.

2.2. Die 6 Phasen der Zerstörung (und des Neuanfangs)

Manche Schicksalsschläge kündigen sich an, Zusammenbrüche erfolgen als Prozess. Für mich gibt es sechs typische Phasen. Ich nenne sie die „Phasen der Zerstörung" und vergleiche sie mit den Windstärken des Deutschen Wetterdienstes (die Windstärken werden auf einer Skala von 1 bis 12 definiert). Wenn wir akzeptieren, dass die Phasen unausweichlich sind, dass sie sowieso kommen, wie der Wind, der sich auch nicht aufhalten lässt, hilft das, damit klarzukommen und sie zu akzeptieren.

Wie auf einen Orkan kann man sich jedoch vorbereiten, gerüstet sein, damit man nicht komplett von einem Schicksalsschlag weggefegt wird. Dazu ist es im ersten Schritt notwendig, die Phasen auch als solche zu erkennen:

> Phase 1: Ein Wind kommt auf (wenn man es mit den Windstärken vergleichen möchte, dann sind es die Windstärken 2 bis 4).
> In der Übergangsphase wird der Wind stärker (vergleichbar mit Windstärke 5 bis 7).
> Phase 2: Der Wind wird zum Sturm (Windstärke 8 bis 10).
> In der Übergangsphase entwickelt er sich zur Windstärke 11.
> Phase 3: Der Sturm wird zum Orkan (Windstärke 12).
> Phase 4: Sie stehen mittendrin: im Auge des Orkans. Dann zieht er vorbei.
> Danach wird das Ausmaß seiner Schäden deutlich ...
> Phase 5: ... die Zerstörung. Darauf folgt ...
> Phase 6: ... der Neuanfang.

Im Folgenden erläutere ich die sechs Phasen und zeige mögliche Anzeichen der jeweiligen Phase in den Bereichen Partnerschaft, Gesundheit, Geld und Börse auf. Diese Zeichen sind natürlich höchst individuell und sollen die Phasen nur veranschaulichen. Die Übergänge von einer Phase zur anderen sind fließend. Sie wachen nicht morgens auf und stellen plötzlich fest, dass Sie in die nächste Stufe auf- oder passenderweise abgestiegen sind.

Phase 1: Ein Wind kommt auf

Alles lief bisher bestens. Sie haben sich an Ihren Erfolg, an Ihre Partnerschaft, an Ihren Arbeitsalltag, an Ihr Geld oder was auch immer gewöhnt. Dann kommt ein leichter Wind auf, den Sie zunächst als laues Lüftchen genießen. Doch bald schon wird er kälter und rauer. Sie frösteln und ziehen sich etwas wärmer an, trotzen aber dem Wind bzw. den Widrigkeiten (was in dieser Phase durchaus sinnvoll ist, denn nichts läuft immer glatt durch).

Übertragen auf die **Partnerschaft**: Bislang genossen Sie Harmonie pur. Doch jetzt kriselt es in Ihrer Beziehung, Kleinigkeiten nur, doch darüber kommen immer wieder Missverständnisse auf. Es herrscht gerade etwas unterschwellige Unzufriedenheit. Aber noch läuft es halbwegs gut und es gibt auch noch viele schöne gemeinsame Momente. Sie denken vielleicht Dinge wie: „Es kann ja nicht immer so toll sein, wie am Anfang, das ist völlig normal so, das wird schon wieder ..."

Gesundheit: Bislang fühlten Sie sich topfit. Doch seit einige Zeit meldet sich Ihr Körper hin und wieder. Hier tut etwas weh, da zieht vielleicht etwas. Sie haben Verspannungen, Bauchschmerzen, Rückenschmerzen, Kopfschmerzen oder was auch immer. Aber alles ist nicht so schlimm ... Es kommt von allein, es geht von allein ... (Das habe ich oft gehört und früher selbst gerne gesagt.) Dann und wann werfen Sie mal schnell eine Tablette ein, und weiter geht´s! Vielleicht merken Sie auch schon, dass Sie nicht mehr ganz so gut schlafen wie früher.

Geld: Bislang war Geld nie ein Thema bei Ihnen. Gerade ist jedoch der Wurm drin: Alles geht auf einmal kaputt – die Waschmaschine, der Geschirrspüler, das Auto, der Fernseher, der Laptop ... Vielleicht sind Ihre Einnahmen auch in letzter Zeit etwas gesunken. Die Ausgaben sind jedenfalls gerade etwas höher als die Einnahmen. Aber nur temporär! Sie denken darüber nach, einen Ratenkredit aufzunehmen oder den Dispositionskredit zu nutzen. Nur bis Sie sich wieder erholt haben, natürlich.

Börse: Bislang lagen Sie immer goldrichtig, hatten immer den richtigen „Riecher". Doch gerade ist es etwas turbulent an der Börse, und Sie wissen nicht genau, wo die Reise hingeht. Egal. Sie machen so weiter wie bisher. Sie vertrauen nach wie vor dem Markt und Ihren Entscheidungen. So wie immer. Es ist doch immer gutgegangen.

Phase 2: Der Wind wird zum Sturm

Jetzt wird es richtig windig! Sie ziehen sich wärmer an, trotzen dem Sturm, kämpfen dagegen an. Der Wind peitscht Ihnen ins Gesicht. Das tut weh! Doch Sie wollen es dennoch schaffen. Sie wollen nicht aufgeben. Es wird schon das eine oder andere umgerissen, doch Sie nehmen sich vor, nicht zu wanken und durchzuhalten. Sie haben schon ganz andere Dinge geschafft.

Partnerschaft: Jetzt streiten Sie sich häufig. Der Ton zwischen Ihnen wird rauer. Es herrscht häufiger länger anhaltende Disharmonie. Sie wollen sich bemühen, wollen einlenken, können aber Ihren Stolz nicht überwinden. Harte, verletzende Worte fallen. Aber noch wollen Sie beide die Beziehung retten. Die Gefühle erkalten, sind aber nicht erfroren. Es besteht noch eine geringe Hoffnung.

Gesundheit: Die gesundheitlichen Einschläge werden schlimmer. Sie müssen vielleicht zum Arzt, bekommen dort eventuell sogar die Empfehlung, kürzer zu treten, was Sie aber nicht wollen. Sie kämpfen mit Medikamenten gegen die Symptome, denn Sie „müssen" und wollen ja funktionieren. Sie finden genug Gründe, warum gerade Sie nicht krank sein dürfen und warum es ausgerechnet jetzt nicht geht. Erholung und Gesundung werden auf später verschoben.

Geld: Es reicht hinten und vorne nicht. Sie leihen sich hier und da Geld oder nehmen weitere Kredite bei der Bank auf. Irgendwie schaffen Sie es, mit dem Geld zu jonglieren. Sie arbeiten vielleicht mehr, suchen sich einen Nebenjob und haben das Gefühl, Sie rennen auf der Rolltreppe in die verkehrte Richtung (die Rolltreppe geht nach unten und sie versuchen verzweifelt, nach oben zu kommen). Es kommen schon die ersten Mahnbescheide. Sie legen erst einmal Widerruf ein, um Zeit zu gewinnen, haben jedoch nicht die Kraft, mit Ihren Schuldnern über Rückzahlungsvereinbarungen und neue Zahlungsziele zu sprechen.

Börse: Die Börse geht runter. Sie haben mal irgendwo gelesen, dass man bei fallenden Kursen nachkaufen soll, um den Durchschnitts-Einstiegskurs zu reduzieren (kann sinnvoll sein, kann auch total danebengehen). Ihr logisches Denken setzt aus – Angst und angstgetriebene Gier gewinnen die Oberhand. Sie wollen auf keinen Fall aufgeben, trotz heftigem Gegenwind, und greifen nach dem Strohhalm: Sie müssen einfach von den fallenden Börsen profitieren und kaufen fleißig nach. Sinnvoller wäre in diesem Fall die Frage: Wenn Sie diesen Wert nicht schon im Depot hätten, würden Sie ihn dann aktuell kaufen? Und wenn Ihre Antwort „nein" lautet, warum schmeißen Sie dann noch „gutes Geld" hinterher? Man könnte die Fragen noch weiter ausdehnen: Heute ist Ihr Depot vielleicht 5000,- Euro wert. Wenn Sie diese 5000,- Euro auf dem Konto hätten, würden Sie dann heute wieder in den gleichen Wert investieren? Wenn auch hier die Antwort „nein" lautet, dann sollten Sie darüber nachdenken, ob Sie diesen Wert überhaupt behalten wollen.

Aber in der Sturmphase wird das logische Denken leider oft vernachlässigt und die Angst bzw. Gier gewinnt Oberhand.

Phase 3: Der Sturm wird zum Orkan

Es spitzt sich alles weiter zu. Mit letzter Kraft versuchen Sie, im Orkan Ihren Stand zu bewahren. Es reißt sie fast um. Sie müssen sich mit letzter Kraft festhalten. Vieles um Sie herum ist schon zerstört, aber noch nicht alles. Sie sehen verzweifelt der Zerstörung zu, sind wütend, traurig, enttäuscht. Ihre Gefühle spielen Achterbahn. Sie wollen es noch nicht wahrhaben.

Partnerschaft: Sie entfernen sich immer weiter voneinander, sind enttäuscht voneinander, vielleicht wütend auf den anderen, oder einfach nur traurig. Im schlimmsten Fall kommen sogar Hass-Gefühle auf (Liebe und Hass liegen leider manchmal dicht beieinander). Sie haben das Gefühl, all Ihre Bemühungen gingen ins Leere, würden eh nichts nützen. Sie meiden den Kontakt zueinander, flüchten sich in die Arbeit oder in Freizeitbeschäftigungen. Sie schauen durchaus auch mal rechts und links nach anderen interessanten Menschen, weil Sie Bedürfnisse haben, die in Ihrer Partnerschaft nicht mehr befriedigt werden.

Gesundheit: Sie sind Stammgast bei Ihrem Arzt: Bandscheibenvorfall, Herzinfarkt, Schlaganfall, Rheuma, Arthritis, Schilddrüse ... Folgen Ihres falschen / stressigen / ungesunden Lebenswandels. Sie bereuen, nicht vorher auf die Signale Ihres Körpers gehört zu haben. Doch nun ist es zu spät. Auch hier wieder: Sie sind wütend, traurig oder enttäuscht. Im schlimmsten Fall kommt ein Gefühl von Selbsthass und Selbstvorwürfen auf.

Geld: Die finanzielle Situation ist angespannter denn je. Sie haben keine Ahnung mehr, wie Sie Ihre anstehenden Rechnungen bezahlen sollen. Der Gerichtsvollzieher steht des Öfteren vor Ihrer Tür. Sie haben schon den einen oder anderen Schufa-Eintrag. Sie sind verzweifelt, wissen weder ein noch aus. Sie möchten sich vor Scham am liebsten in ein Mauseloch verkriechen. Es ist Ihnen peinlich und Sie machen die äußeren Umstände für die Situation verantwortlich. Ein Einsehen, dass

Sie selbst eine Schuld an der Misere treffen könnte, tut in dieser Phase viel zu weh! Sie haben Angst davor, Ihre Wohnung, Ihr Haus, Ihr Auto, Ihr Ansehen oder Sonstiges zu verlieren. Was denken wohl die Nachbarn, Kollegen, Freunde von Ihnen? Sie haben das Gefühl, Ihr Leben geht gerade zu Ende.

Börse: Ihr Supergau: der Börsencrash, ein Großteil Ihres Vermögens ist weg. Was hätten Sie alles Tolles mit diesem Geld anfangen können. Und dann diese Menschen mit ihren schlauen Sprüchen, wie zum Beispiel: „Das Geld ist nicht weg, es hat jetzt nur ein anderer." Sie würden Ihrem Gegenüber bei solchen Sprüchen am liebsten an die Gurgel gehen. Was weiß der schon davon, wie es Ihnen gerade geht! Ärger, Wut, Enttäuschung! Angst davor, nicht genug Geld zu haben.

Phase 4: Im Auge des Orkans

Dies ist eine sehr spannende Phase. Menschen halten bestimmte Stresslevel unterschiedlich lange aus. Doch irgendwann ist bei fast jedem Menschen der Punkt erreicht, wo die Gefühle sich in eine Art Taubheit verwandeln. Wann dieser Zeitpunkt da ist, hängt vom Stressempfinden des Einzelnen und von den Umständen ab. Dann kommt eine Phase, in der ihnen irgendwie alles egal ist, sie fühlen sich taub.

Der Strom ist ausgestellt, weil Sie die Stromrechnung nicht bezahlen konnten? Egal. Es gibt Kerzen. Der Gerichtsvollzieher ist da? Der geht auch wieder, ist eh nichts zu holen. Briefe werden nicht geöffnet. Sie wissen ohnehin, was drinsteht, und verschließen die Augen vor der Realität. Jemand will mit Ihnen streiten? Interessiert Sie nicht, weder der Disput noch der Mensch.

Sie sehen, wie Ihr Leben zusammenbricht, und fühlen sich handlungsunfähig. Statt mit anderen zu sprechen, ziehen Sie sich zurück. Ihnen ist alles egal, Sie haben keine Lust mehr. Sie empfinden keine Wut, keine

Trauer, keine Enttäuschung mehr. Sie können sich aber auch über nichts mehr freuen, können keine Liebe mehr empfinden und sind total antriebslos.

Sie fühlen sich wie im Auge des Orkans. Um Sie herum wütet dieser noch und zerstört weiter. Sie stehen unbeteiligt daneben und schauen zu ... und das, obwohl es doch eigentlich der Orkan *Ihres* Lebens ist.

Das ist eine gefährliche Phase. Die oben beschriebenen Symptome können auf eine Depression hinweisen, oder auch auf einen Burn-out. Ein Burn-out ist letztendlich nichts anderes als eine Depression durch Erschöpfung.

Einzelne Beispiele führe ich ab dieser Phase nicht mehr auf. Alles zerbricht, und Sie sehen tatenlos zu.

Phase 5: Die Zerstörung

Stille. Windstille. Nichts geht mehr. Der Orkan ist weg und hat ein Feld der Zerstörung hinterlassen. Alles liegt in Trümmern. Es ist Ruhe eingekehrt.

Der Orkan wurde durch „Lösungen" von außen aufgelöst: Ihre angespannte Beziehung wurde durch Trennung „erledigt", Ihre Krankheit wird in einer Klinik behandelt, Ihr Geld-Thema wurde durch Einreichung einer Insolvenz geklärt ... Wie auch immer es im individuellen Fall aussieht: Der Orkan ist weg, die Zerstörung ist da.

Spätestens in dieser Phase ist es wichtig, mit dem Umdenken zu beginnen.

Ein zerstörtes Feld bietet viele Möglichkeiten des Neuaufbaus. Sie haben schon so viel verloren. Jetzt müssen Sie sich entscheiden: Wollen Sie dem Verlorenen hinterherjammern oder die Chance für einen kompletten Neuaufbau nutzen?

Wie im „Mensch ärgere Dich nicht": Zurück auf Start!

Phase 6: Der Neuanfang

Selbstverständlich ist es wichtig, dass Sie sich erst einmal eine Phase der Regeneration und der Reflexion nehmen. Versuchen Sie das, was Ihnen passiert ist, mal von außen zu beleuchten. Besonders gut geht dies mithilfe einer außenstehenden Person, zum Beispiel mit einem Coach. Der Coach hat die Aufgabe, zielführende Fragen zu stellen. Er könnte fragen: „Was ist passiert? Woran lag das? Welche falschen Entscheidungen haben zu der Konsequenz geführt? Wo waren entscheidende Wendepunkte, die Sie vielleicht übersehen haben? Was würden Sie mit Ihren heutigen Erfahrungen und Kenntnissen in ähnlichen Situationen anders machen? Was haben Sie besonders gut gemacht? Worauf sind Sie – trotz des Zusammenbruchs – stolz? Wer waren Sie vor der Krise? Wer sind Sie jetzt? Wer wollen Sie in einem oder in fünf Jahren sein?"

In jedem Ende wohnt der Zauber des Neuanfangs.

Als ich persönlich in der Phase 5 war, sagte mal eine Bekannte zu mir: „Oh je, du fängst ja an wie mit 19 Jahren!" Sie meinte es mitleidig. Doch mir gab dieser Satz unglaublich viel Kraft. Ich dachte mir: „Wie genial ist das denn? Na klar! Ich fange an, wie damals, mit 19 Jahren! Alles ist offen, ich kann alles machen, ich habe die Chance eines absoluten Neubeginns." Das war für mich persönlich der Start in die Phase 6.

Aus jeder überstandenen Krise gehen wir gestärkt hervor. Wir haben Lernerfahrungen gemacht, die uns keiner nehmen kann. Vielleicht ist genau diese Lernerfahrung Ihr zukünftiges Expertenthema, mit dem Sie später einmal Geld verdienen.

Nicht nur Menschen, die mit einem Handicap oder in schwierige Umstände hineingeboren wurden, haben besondere, manchmal außergewöhnliche Talente. Spannenderweise haben viele erfolgreiche und außergewöhnliche Menschen ihren Weg dadurch gefunden, dass sie Krisen durchlaufen und Fehler gemacht haben.

Ich wiederhole meinen Satz vom Anfang des Kapitels:

> Opfer finden Ausreden. Erfolgreiche Menschen finden Lösungen.
>
> Oder anders ausgedrückt: Verwandle Deine Defizite in Motivation, nicht in Ausreden!

Die Frage nach der Schuld ist nicht zielführend. Das wäre ein Suchen nach Begründungen im Außen. Es lenkt von der eigenen Reflexion ab.

Reflexion

Eine Reflexion erfolgt durch das Hinterfragen einer Situation. Zunächst einmal sollten Sie sich Ihre eigene Meinung bilden. Erst anschließend sollten Sie sich die Meinung von anderen einholen, am besten von einer neutralen Person. „Neutral" meint in diesem Fall eine Person, die nicht emotional involviert ist, also eine möglichst außenstehende Person, zumindest auf die aktuelle Situation bezogen.

Wirklich neutral kann kaum jemand sein, denn alles, was wir hören, sehen, spüren und erfahren, erleben wir durch unsere eigene Brille. Nur, weil zwei Menschen das gleiche Erlebnis haben, heißt das nicht, dass auch beide Menschen die gleichen Emotionen empfinden und die gleiche Meinung dazu haben. Viele Menschen – viele Meinungen – viele Wertungen – und auch unterschiedliche Bewertungen.

Ein paar Beispiel-Reflexionsfragen möchte ich Ihnen an dieser Stelle nennen:

- Welchen Anteil habe ich daran, dass es so gelaufen ist, wie es lief?
- In welchen Momenten habe ich falsche Entscheidungen getroffen?
- Was würde ich beim nächsten Mal anders machen?
- Was habe ich gut gemacht?
- Was würde ich beim nächsten Mal wieder genauso machen?
- Was hat mir geholfen, mit der Situation klarzukommen?
- Welche meiner Stärken haben sich in dieser Situation gezeigt?
- Was ist das Gute an der Situation?
- Welche neuen Möglichkeiten bietet mir die Situation?
- Wo möchte ich hin? Wo möchte ich heute in einem Jahr stehen und wo in fünf Jahren?
- Welches sind konkret die nächsten drei Schritte?
- Was ist bis wann zu tun?

Eines ist mir an dieser Stelle noch sehr wichtig: Eine Reflexion kann erst beginnen, wenn der erste Schock überstanden ist. Wenn Sie noch komplett in den Emotionen sind, dann ist das für den Moment auch genau richtig so! Gerade traurige, schlimme Erlebnisse müssen wir erst einmal verkraften. Die Zeit der Trauer ist wichtig! Ansonsten verdrängen Sie nur und es wird sich an anderer Stelle (im schlimmsten Fall in Form einer Erkrankung) wieder zeigen.

Lassen Sie Trauer, Wut, Enttäuschung zu! Allerdings sollte auch der Tag kommen, an dem Sie Ihr Leben wieder in die Hand nehmen. Verharren Sie nicht in den Gefühlen. Eine zeitliche Vorgabe kann ich Ihnen nicht machen. Manche Menschen können sehr schnell neue Pläne schmieden, andere brauchen Wochen dafür. Es hängt natürlich auch davon ab, was genau passiert ist. Der Verlust eines geliebten Menschen ist wahrscheinlich schlimmer als der Verlust eines Arbeitsplatzes … so zumindest durch meine Brille betrachtet. Aber das muss für andere nicht stimmen.

Fakt ist: Nach der Zeit der Trauer sollten Sie raus aus dem Jammertal! Packen Sie Ihr Leben wieder an. Machen Sie Pläne! Irgendwann ist der Zeitpunkt erreicht, wo Sie konkret werden sollten. Wie kann das aussehen?

Sie können sich zum Beispiel selbst „Hausaufgaben" auferlegen:

- Eine halbe Stunde am Tag spazieren gehen
- Jeden Tag eine bestimmte Anzahl an Menschen kontaktieren
- Bewerbungen schreiben
- Ideen-Tagebuch schreiben
- Sport
- etc.

Das ist dann auch der Moment, wo Sie beginnen, mit den reflektierenden Fragen effektiv und wirksam zu arbeiten. Bitte beachten Sie dabei immer: Schuld ist nicht die Frage! Die Suche nach der Schuld ist nicht zielführend. Schuldgefühle tun weh und hindern uns an der Kreativität. Schuld im Außen zu suchen bringt uns nicht vorwärts.

Wir alle machen Fehler. Aus Fehlern zu lernen ist sinnvoll! An Schuldgefühlen können wir zerbrechen. Sie bringen uns nicht weiter! Niemand von uns ist perfekt! Sagen Sie sich immer wieder: Die Situation ist jetzt nun mal so, wie sie ist. Die Vergangenheit können wir nicht ändern. Wir können aber aus unserer Vergangenheit viel lernen und Entscheidungen für unsere Gegenwart und Zukunft treffen.

2.3 Warum ich?

„Warum nur? Warum ich? Warum passieren mir immer solche Dinge? Oder noch schlimmer: Warum passieren immer nur mir solche Dinge?" – Kennen Sie solche Fragen? Oder kennen Sie Menschen, die solche Fragen stellen?

Haben Sie schon einmal vom Gesetz der Anziehung gehört? Wir ziehen uns genau die Dinge ins Leben, auf die wir unser Augenmerk legen. Im schlechtesten Fall ziehen wir uns negative Dinge ins Leben. Doch bei vielen Menschen funktioniert das auch im Positiven. So wünschen sich viele Menschen etwas vom „Universum" (oder von wem auch immer) und es funktioniert dann. Das Universum liefert … Ob es der Parkplatz vor der Tür ist, der Gewinn, das große Geschäft, der perfekte Kunde etc.! Wie ist es bei Ihnen? Haben Sie das schon mal ausprobiert? Funktioniert es bei Ihnen? Dann: Herzlichen Glückwunsch! Machen Sie weiter so! Sie scheinen zu den Menschen zu gehören, die immer nur Glück haben. Egal, was sie anfangen, es funktioniert. Sie gewinnen bei Verlosungen, treffen die richtigen Menschen, haben ein gutes Händchen für Deals und Schnäppchen. Sie scheinen auf der Sonnenseite des Lebens zu stehen. Diese Menschen bezeichnen wir jetzt mal als „Gruppe A".

Leider gibt es viel zu viele Menschen, bei denen genau das nicht funktioniert. Im Gegenteil, sie holen sich ständig irgendwelche ungünstigen Umstände ins Leben, stehen mal wieder im Stau, haben mal wieder zu viel Geld für eine Ware bezahlt (und später erst gesehen, dass sie sie auch günstiger bekommen hätten), nehmen jede Erkältungswelle, jede Magen-Darm-Infektionswelle mit (Zitat „Ich habe ja so ein schlechtes Immunsystem"), egal bei welchem Arbeitgeber sie anfangen, immer müssen sie mit den unangenehmsten Kollegen arbeiten, werden mal wieder von einem Mann, einer Frau oder von Freunden enttäuscht und so weiter ... Nennen wir diese Gruppe von Menschen mal „Gruppe B".

Was machen Menschen der Gruppe A anders als Menschen der Gruppe B? Was unterscheidet beide Gruppen voneinander? Warum funktionieren die Dinge bei den einen und bei den anderen so gar nicht?

Schauen wir uns hierzu ein Beispiel an: Während eine Person aus der Gruppe B jammert, dass ihr immer nur komische, merkwürdige, kuriose, unglückliche Dinge passieren, sagt eine Person aus der Gruppe A vielleicht: „Ist doch ganz einfach. Verändere einfach dein Denken! Wünsch dir halt die richtigen Dinge vom Universum. Fang mit dem Parkplatz an. Bei mir funktioniert es auch! Denk einfach daran, was du willst, und es kommt zu dir! Du musst einfach positiv denken und vor allem nur noch an das denken, was du möchtest." Vielleicht findet das Ganze sogar in Form eines Seminars unter dem Begriff „Persönlichkeitsentwicklung" statt.

Ach, so einfach ist das! Die Person aus Gruppe B hat gut zugehört und geht glücklich und inspiriert nach Hause. Sie will ab sofort ihr Denken verändern und die Gruppe wechseln. Gesagt, getan. Sie wünscht sich den Parkplatz, einmal, zweimal, dreimal – und nie ist dieser Parkplatz direkt vor der Tür vorhanden. Es funktioniert irgendwie nicht! Auch alles andere, was sich diese Person so sehr wünscht, passiert nicht. Irgendwann hört sie frustriert mit dem Wünschen auf, sagt sich vielleicht sogar: „War ja klar. Bei mir funktioniert das sowieso alles nicht." Und in der Folge bleibt alles so, wie gehabt ...

Die Person aus Gruppe A staunt und kann das nicht verstehen! Sie findet (nahezu) immer den passenden Parkplatz direkt vor der Tür, und auch ansonsten scheint das Leben recht „gnädig" zu ihr zu sein.

Doch warum funktioniert es bei dem einen und bei dem anderen nicht? Ich gehörte selbst lange zur Gruppe B und wunderte mich, warum es bei mir nicht wirklich funktionierte. Zugegeben, mit dem Parkplatz ging es irgendwann ... aber bei allen anderen Dingen musste ich lange auf die Antwort warten.

Mein Leben gab mir zwei Antworten auf das „Warum?":

1. Das Geheimnis ist die innere Überzeugung.
Wir können uns noch so viel wünschen: Wenn die innere Überzeugung stärker ist als das, was wir uns wünschen, dann gehen unsere Wünsche nicht oder nur sehr bedingt in Erfüllung. Wenn ich mir also den sprichwörtlichen Parkplatz wünsche, dann muss ich auch absolut überzeugt davon sein, dass er da ist. Keine Zweifel, nur feste Überzeugung – auch im Unterbewusstsein.

2. Das Geheimnis ist das Loslassen des Wunsches.
Immer, wenn ich mir krampfhaft etwas gewünscht habe („der Parkplatz MUSS da sein", „dieses Mal bekomme ich den Gewinn" oder Ähnliches), dann hat es nicht funktioniert. Spannenderweise habe ich immer genau dann meine Wünsche erfüllt bekommen, wenn ich losgelassen habe. Und hier liegt genau die Schwierigkeit: Etwas loslassen, was wir uns sehnsüchtig wünschen, fällt schwer.

Das doppelte Geheimnis liegt also zum einen im „richtigen" Wünschen und der tiefen Überzeugung, dass die Erfüllung kommen wird, und auf der anderen Seite im Loslassen des Wunsches, damit die Erfüllung kommen darf.

Jetzt stellen Sie vielleicht die Frage: Und wie geht das jetzt?
Meine Antwort darauf: Lernen Sie Urvertrauen – in den 5 Phasen der Veränderung.

2.4 Die 5 Phasen der Veränderung

Leider haben die meisten Menschen verlernt, dem Fluss des Lebens absolut zu vertrauen und zu glauben: Alles ist gut so, wie es ist. Das ist ganz besonders schwer, wenn Sie gerade in Krisen sind oder das Schicksal es nicht so gut mit Ihnen gemeint hat (egal, ob Sie gesundheitliche Einschränkungen haben oder ob die äußeren Umstände nicht optimal sind).

Manchen Menschen fällt es leicht zu vertrauen. Sie haben es vielleicht auch schon früh im Leben gelernt, durch ein tolles Elternhaus, tolle Lehrer, großartige Chancen, wunderbare Förderungen etc. Wobei – was war zuerst da? Die widrigen Umstände oder das falsche Denken? Die sprichwörtliche Henne oder das Ei? Beides steht stets in Wechselwirkung zueinander. Wenn Sie in einem „Hexenkreislauf" gefangen sind, dann gilt es diesen zu durchbrechen. Schritt für Schritt.

Es fängt mit einer neuen, veränderten Wahrnehmung an. Anschließend geht es um das Umdenken.

> Das Verändern der Gedanken verändert Ihr Leben.

Ich habe oft erlebt, dass dieses in 5 Phasen abläuft.

> Phase 1: Hadern
> Phase 2: Akzeptieren
> Phase 3: Integrieren
> Phase 4: Talente entdecken
> Phase 5: Vertrauen

Wenn Sie jetzt denken: „Schon wieder so ein Phasen-Modell, das hatten wir doch erst im letzten Kapitel", dann gebe ich Ihnen zunächst recht. Allerdings bauen diese beiden Modelle aufeinander auf bzw. gehen ineinander über. Denn das Hadern gehört noch in die Phase 5 des Modells „Phasen der Zerstörung", während die Phasen 2 bis 5 zum Neuaufbau gehören.

Man könnte die beiden Modelle auch zusammenfassen und 10 Phasen daraus machen.

Phase 1: Hadern

Sie hadern mit dem Schicksal, hadern mit den Lebensumständen, hadern mit dem Leben als solches – leider empfinden viele Menschen ihr Leben als unglaublich schwer. Sie sind gejagt von Verpflichtungen, z.B. Geld zu verdienen, die Kinder zu versorgen, Zeit für den Partner, für die Kunden, den Haushalt aufzubringen, ehrgeizigen Zielen hinterherzujagen und anderen Dingen. Sie haben dabei verlernt zu genießen. Und wenn dann etwas Negatives passiert, sie ein Schicksalsschlag ereilt wie zum Beispiel plötzliche ungewollte Veränderungen, Todesfälle, Unglücksfälle etc., dann wird mit dem Schicksal gehadert. Genauso ist es oft bei Erkrankungen, unabhängig davon, ob sie von Geburt an da sind oder ob sie erst entstanden sind.

In der Phase des Haderns dreht sich das Denken viel zu oft um die widrigen Umstände, die Krankheit, die Herausforderung, das Problem. Dadurch, dass wir mit unserer Aufmerksamkeit, unserem Fühlen, unserem

Denken ständig bei genau diesem Umstand sind, bekommt dieses Negative unglaubliche Macht über uns. Wir ziehen gerade dadurch weitere ungünstige Umstände an. Außerdem haben wir dann oft die falsche Brille auf. Wir nehmen alles durch diese „Schicksalsbrille" wahr und vergessen dabei, auf die schönen Dinge in unserem Leben zu schauen (hierzu mehr im Kapitel „Die sich selbst erfüllende Prophezeiung").

Als Kind bin ich viel gehänselt und ausgegrenzt worden. In meiner Wahrnehmung war es aufgrund meines Tourette-Syndroms (von dem zu diesem Zeitpunkt jedoch noch niemand wusste, dass es Tourette ist. Das war in den Siebziger- bzw. Achtzigerjahren des letzten Jahrhunderts eh noch eine große Unbekannte. Ich war in den Augen der anderen halt einfach nur komisch). Da ich jedoch – wie die meisten Menschen – einfach nur dazugehören wollte, tat ich Dinge, die wiederum die anderen Kinder sehr nervten. So fragte ich ständig, ob ich mitspielen dürfe, die anderen wollten das nicht, ich bemühte mich noch mehr, die anderen waren genervt. Ich heischte um Aufmerksamkeit, auch wenn es negative war. Ich weiß noch, wie ich in der dritten Klasse mit mehreren Kindern an der Bushaltestelle stand und so tat, als ob ich „Yes" und „No" nicht auseinanderhalten könne. Die anderen Kinder hielten mich natürlich für total blöd, doch negative Aufmerksamkeit war besser, als gar nicht beachtet zu werden …

Auch ich haderte mit dem Schicksal. In meiner Wahrnehmung war immer das Tourette-Syndrom „schuld". Aus heutiger Sicht sage ich: Nein! Es war mein Verhalten, das aus dem Tourette-Syndrom und dem „Sich-minderwertig-Fühlen" heraus entstanden ist. Mein Verhalten resultierte aus dem großen Wunsch heraus, anerkannt und gemocht zu werden, und aus dem Wunsch, dazuzugehören. Das Tourette-Syndrom als solches war nicht schuld, es war nur die Ursache für mein Verhalten.

Was wäre gewesen, wenn die anderen und ich seinerzeit schon gewusst hätten, dass es das Tourette-Syndrom ist, und wenn wir alle (sowohl ich, als auch mein Umfeld) früher in die Akzeptanz gegangen wären? Was wäre gewesen, wenn ich als Kind psychologische Betreuung gehabt hätte? Wie wäre mein Leben dann gelaufen? Was wäre gewesen, wenn ... Diese Fragen sind spannend, aber leider nicht zielführend. Wir können die Vergangenheit nicht ändern.

Vielleicht kennen Sie ähnliche Gedanken aufgrund Ihres persönlichen Schicksals? Verändern Sie die Fragen doch einmal in folgende Richtung: Welche Lernerfahrungen durfte ich machen?

Was ist das Besondere an meinem Schicksal? Wie kann ich vielleicht zukünftig anderen Menschen aufgrund meiner eigenen Lernerfahrung helfen? Wie möchte ich heute und zukünftig den Blick auf die Dinge haben?

Die Vergangenheit können wir nicht mehr ändern. Wir können sie aber als Geschenk sehen, denn genau diese individuelle, besondere Vergangenheit hat Sie zu genau dem wundervollen Menschen gemacht, der Sie heute sind. Und das sind Sie: wundervoll und einzigartig!

Phase 2: Akzeptieren

Es gibt einen wunderbaren Spruch: „Ändere die Situation oder Deine Einstellung dazu."

Manche Situationen können wir nicht ändern, es bleibt uns also nur die Möglichkeit, unsere Einstellung dazu zu verändern. Spannend ist jedoch, dass sich mit veränderter Einstellung manchmal auch die Situation ändert.

Je mehr ich mein Tourette-Syndrom akzeptiert und in mein Leben integriert habe (denn ändern oder „wegmachen" geht eben einfach nicht), desto ruhiger wurde es im Außen. Für mich ist es ständig da, doch ich höre heutzutage oft: „Man merkt dir ja kaum was an!" Es ist zur Selbstverständlichkeit geworden. Früher hat sich mein ganzes Denken und Fühlen um mein Tourette-Syndrom gedreht – entweder, weil ich versucht habe, es zu beherrschen oder zu verbergen, oder weil es mich genervt hat und die Bewegungen Schmerzen verursacht haben.

Auch heute gibt es noch Phasen, wo es mich nervt und wo ich aufgrund der merkwürdigen Bewegungen und Verrenkungen total verspannt bin. Aber die Phasen werden seltener und seltener. Wenn sie da sind, dann weiß ich, dass es höchste Zeit ist, mir Ruhe zu gönnen.

Heute ist das Tourette-Syndrom mein Warnsystem bei zu viel Stress und Hektik.

Die Akzeptanz hat lange gedauert. Noch vor einiger Zeit habe ich immer behauptet: „Irgendwann finde ich den Schlüssel dafür, dass ‚es' gehen kann." Dadurch, dass es durch viele Methoden immer ruhiger geworden ist, war ich fest davon überzeugt, dass es irgendwann weg sein würde. Was mir zu dem Zeitpunkt noch nicht bewusst war: Durch diesen sehnlichsten Wunsch, dass das Tourette-Syndrom irgendwann weg sein möge, gab es immer noch einen Anteil in meinem Körper, der eben nicht in die vollständige Akzeptanz gegangen war.

Hier sind wir wieder beim Thema „Loslassen": das Loslassen des Wunsches, dass „es" verschwindet. Doch „es" verschwindet nicht einfach nur, weil ich es mir so sehr wünsche! Vollständige Akzeptanz – eine schwierige Aufgabe.

Was ist es bei Ihnen? Gibt es auch eine Krankheit oder einen Umstand, den Sie nicht ändern können, von dem Sie sich aber sehnlichst wünschen, er oder es möge anders sein? Wie leicht fällt Ihnen die Akzeptanz?

Akzeptanz durch die kognitive Methode
Eine Möglichkeit ist, über kognitive Methoden in die Akzeptanz zu gehen, also über den Verstand. Hierfür können Sie sich beispielsweise folgende Fragen beantworten:

- Was genau ist es, das Ihnen Sorgen und Kummer bereitet?
- Warum wollen Sie „es" los werden?
- Mal angenommen, Sie wachen morgen früh auf und „es" ist weg oder hat sich verändert. Wie fühlen Sie sich? Was ist anders? Woran würden Sie merken, dass es anders ist? Was würde sich in Ihrem Leben nun konkret verändern? Ist es wirklich so wichtig, dass sich genau das verändert?
- Wenn Sie „es" nicht ändern können, welche guten Seiten können Sie daran erkennen?
- Welche Vorteile haben Sie durch Ihr Schicksal, durch das, was Sie nicht ändern können?
- Mal angenommen, eine andere Person könnte Ihr Schicksal/Ihr Thema übernehmen? Welche Vorteile würde es dieser Person bringen?
- Was möchten Sie heute konkret tun, um Ihre Einstellung zu Ihrem Thema zu verändern?

Wie oben schon geschrieben, ist das eine kognitive Methode. Bei vielen Menschen haben diese kognitiven Methoden auch Erfolg. Oft gehen diese Dinge dann vom Kopf in das Unterbewusstsein und wirken sich hier positiv aus.

Akzeptanz durch Meditation
Bei tief sitzenden Themen reicht diese Methode leider manchmal nicht aus. Hier empfehle ich, regelmäßig zu meditieren. Meditation ist eine

wunderbare Möglichkeit, an tief sitzende Themen heranzukommen und sein Leben positiv zu verändern. Anfängern empfehle ich geführte Meditationen. Wenn Sie regelmäßig geführte Meditationen hören, dann kommen Sie wahrscheinlich irgendwann zu dem Punkt, wo Sie nur noch Meditationsmusik benötigen und auch nur wollen.

Viele Profis brauchen nicht einmal mehr das. Sie können sich auch ohne Musik und fast überall sowie zu fast jeder Zeit in einen Meditationszustand versetzen und erhalten von ihrem Unterbewusstsein wertvolle Impulse.

Zur Meditation gibt es tolle Bücher und Anleitungen. Das wichtigste an einer Meditation ist für mich das „Zur-Ruhe-Kommen". Nur in der Ruhe und in der Entspannung können wir wirklich anfangen, Dinge aus unserem Unterbewusstsein wahrzunehmen. Wir spüren unseren Körper ganz anders als in der normalen Alltagshektik. Wenn es Ihnen schwerfällt, zur Ruhe zu kommen, dann versuchen Sie doch mal, sich einfach nur auf Ihren Atem zu konzentrieren. Atmen Sie bewusst in den Bauch ein und wieder aus.

Akzeptanz ist die Voraussetzung dafür, dass Sie Ihr Thema vollständig und mit allen Konsequenzen in Ihr Leben integrieren.

Phase 3: Integration

Nach der Akzeptanz folgt die Integration: Was können Sie jetzt, da Sie Ihr Thema akzeptiert haben, konkret tun? Wie verändern Sie Ihr Leben, Ihre Einstellungen, Ihre Ernährung, Ihren Tagesablauf etc.? Bei der Integration geht es um das „Tun"!

Die Zeit des Haderns und Trauerns ist vorbei. Sie haben die Dinge akzeptiert. In dieser Phase machen Sie das Beste daraus, das Beste aus Ihrer Situation, das Beste aus dem, was gerade ist.

Vorbereitet habe Sie diese Phase schon durch die Fragen, die Sie in der Phase 2 beantwortet haben. Jetzt geht es an das Umsetzen von neuen Plänen. Vielleicht ergibt sich aus Ihrem persönlichen Thema sogar eine besondere Stärke?

Was können Sie zukünftig vielleicht sogar anderen Menschen mitgeben oder beibringen, weil Sie genau das erlebt haben, was Sie erlebt haben, und weil Sie genau Ihr eigenes Schicksal haben? Machen Sie sich auf zu neuen Ufern! Schmieden Sie neue Pläne! In der Phase zwei haben Sie neue Erkenntnisse erhalten, die Sie jetzt genau umsetzen können. Auf geht's!

Mit Ihren neuen Vorhaben und Plänen rutschen Sie automatisch in die Phase 4.

Phase 4: Talente entdecken

Die Phasen 2 bis 4 laufen nicht immer unbedingt hintereinander ab. Manchmal überlappen sie sich auch. Vielleicht haben Sie in der Phase 2 und 3 schon Ideen dafür bekommen, welche Talente in Ihnen stecken und wie Sie sie zukünftig nutzen können? Welche Talente haben Sie aufgrund Ihres Schicksals neu entdeckt? Haben Sie vielleicht besonders viel Kraft oder Ehrgeiz? Können Sie Lösungen für Themen bieten (weil Sie selbst Lösungen gefunden haben)? Schreiben Sie vielleicht zukünftig Bücher oder Artikel zu Ihrem Thema? Kreieren Sie ein neues Seminar mit diesem Thema?

Manchmal entdecken wir besondere Stärken hinter unseren vermeintlichen Schwächen. Ich nenne Ihnen gerne Beispiele aus meinem Leben: Ich habe mich immer für recht chaotisch gehalten, weil ich gefühlte tausend Ideen auf einmal hatte und hundert davon gleichzeitig und sofort umsetzen wollte. Dadurch habe ich oft zwar vieles gemacht, aber nichts richtig, weil ich gedanklich schon wieder bei den nächsten Themen war. Heute weiß ich, dass genau das meine große Stärke ist. Ich habe viele kreative Ideen. Das Schreiben fällt mir sehr leicht und ich bin sehr schnell in vielen Dingen.

Um diese Talente und Fähigkeiten zu bündeln, war meine Lernaufgabe – neben dem Bewusstwerden dieser Stärken –, ab jetzt eines nach dem anderen zu machen. Dinge dürfen heute gerne parallel laufen. Aber ich setze mir spezielle Zeiten für verschiedene Dinge. Wenn ich zum Beispiel schreibe, dann schalte ich das Handy und Mailbenachrichtigungen aus. Wenn ich das nicht mache, dann lasse ich mich sofort ablenken. Das weiß ich heute und kann gegensteuern. Ich setze mir bestimmte Zeitfenster, wo ich genau das eine oder das andere mache.

Das ist mein Weg. Ihrer sieht wahrscheinlich anders aus. Vielleicht sind Sie genau das Gegenteil von mir und extrem strukturiert und gründlich? Vielleicht schaffen Sie viel zu wenig wegen Ihrer Genauigkeit und ärgern sich vielleicht, dass Sie nicht schnell genug sind? Auch hier hilft ein Umdenken. Es ist großartig, dass Sie so genau und gründlich sind! Genau das ist Ihr Talent. Wie können Sie es ziel- und gewinnbringend nutzen?

Viel zu oft versuchen wir, unsere Schwächen zu schwächen, und verschwenden zu viel Energie dafür. Nutzen Sie lieber Ihre Stärken!!!

Heute bezahle ich gerne Leute dafür, dass sie mir bei organisatorischen Dingen und bei Dingen, die absolute Genauigkeit erfordern, helfen. Mein Geld verdiene ich mit meiner Kreativität!

Also: Talente entdecken und Stärken stärken, statt Schwächen zu schwächen!

Phase 5: Vertrauen

Vertrauen – eine der schwierigsten Aufgaben, wie ich persönlich finde. Babys haben ein Urvertrauen. Sie vertrauen darauf, dass sie geliebt und versorgt werden. Allein wären sie nicht überlebensfähig, von daher bleibt ihnen nichts anderes übrig, als zu vertrauen. Doch mit zunehmendem Alter verlernen wir Menschen immer mehr, zu vertrauen. Von unseren Eltern lernen wir, was wir alles nicht dürfen, und wir lernen, dass wir (noch) nicht genug wissen, um dieses oder jenes zu tun. In der Schule geht es dann weiter. Wir werden zwar gelobt, wenn etwas gut läuft, aber wenn wir Fehler machen, werden wir massiv darauf hingewiesen.

Menschen haben unterschiedliche Veranlagungen und Erfahrungen aus der Kindheit und Jugend. Hiervon ist abhängig, wie viel Vertrauen wir zu uns, zu unseren eigenen Fähigkeiten, zu anderen Menschen und zu Situationen haben. Das Thema Vertrauen kann in verschiedene Bereiche gegliedert werden:

- Vertrauen in uns selbst und in unsere eigenen Fähigkeiten: Selbstvertrauen
  Zu viele Zweifel und Ängste blockieren uns. Wenn wir lernen, uns selbst und unseren Fähigkeiten zu vertrauen, dann können uns auch andere vertrauen. Wir trauen uns mehr zu und werden dadurch erfolgreicher.
- Vertrauen in andere Menschen
  Wenn ich anderen Menschen vertraue, können tolle Kooperationsmöglichkeiten entstehen.
- Vertrauen darauf, dass Situationen und Erlebnisse gut sind so, wie sie sind
  Am schwierigsten ist oft das Vertrauen in herausfordernden Situationen, das Vertrauen darin, dass Dinge gut sind, so wie sie sind, und dass sie ihren Sinn haben. Das ist besonders schwer, wenn man gerade Schicksalsschläge erlebt oder eine schlimme Diagnose bekommen hat.

Sie kennen bestimmt den Spruch: „Vertrauen ist gut, Kontrolle ist besser." Für mich ist dieser Spruch genau falsch herum. Glücklicher werden wir, wenn wir den Spruch umdrehen: „Kontrolle ist gut, Vertrauen ist besser." Blindes, ungefiltertes Vertrauen kann in einer Enttäuschung enden. Ent-Täuschung = Ende einer Täuschung. Wenn wir uns selbst täuschen oder uns täuschen lassen, den falschen Menschen oder Umständen vertrauen, kann das tiefe Verletzungen verursachen und uns in unserer Entwicklung weit zurückwerfen. Ein wenig Kontrolle hilft also manchmal.

Mir hat vor Kurzem jemand eine sehr besondere Frage gestellt: „Was würdest du deinem zehn Jahre jüngeren Ich mit auf den Weg geben?"

Ich habe schnell eine Antwort gefunden: „Vertraue! Alles hat seinen Sinn! Und alles wird sich in deinem Sinne regeln, wenn du ins Vertrauen gehst!"

Damit meine ich nicht, dass wir uns zurücklegen und uns vom Universum (oder wem auch immer) wünschen, dass sich alles von selbst regelt. Ein bisschen was müssen wir dafür schon tun. Von allein passiert in der Regel nicht viel. Wenn wir jedoch immer wieder auf Hindernisse treffen, dann sollten wir uns einen Umweg oder einen anderen Weg überlegen. Es scheint dann nicht der richtige Weg zu sein. Vielleicht ist es auch nur noch nicht die richtige Zeit oder der richtige Ort dafür.

Manchmal müssen wir uns auch etwas Fachwissen aneignen und wir brauchen ein Ziel, um zu wissen, wo wir hinwollen. Ich möchte einen kleinen Vergleich anbringen: Ich komme aus Hamburg, das liegt an der Elbe. Mal angenommen, ich möchte mit dem Schiff von Hamburg über die Elbe zur Nordsee und nach Helgoland fahren. Helgoland ist also mein Ziel. Ohne Ziel wüsste ich noch nicht einmal, wo ich meine Reise beginnen sollte. Es sei denn, ich träfe ganz bewusst die Entscheidung, mich einfach nur treiben zu lassen. Manchmal ist auch das schön und entspannend. Dann würde ich mir einfach irgendein Schiff nehmen, mich draufsetzen, die Leinen lösen und mich im wahrsten

Sinne des Wortes treiben lassen. Sicher käme ich dann irgendwann irgendwo an – nur nicht da, wo ich hinwollte. Vielleicht würde ich auf der Elbinsel Pagensand landen oder in Bergedorf, je nach Wind und Strömung.

Wenn jedoch Helgoland mein Ziel ist, brauche ich neben dem richtigen Startpunkt auch die richtige Ausrüstung (also ein Segel- oder Motorboot) und auch das Wissen, wie ich die Segel setze oder wie ich ein Motorboot bediene. Des Weiteren brauche ich Kenntnisse über die Strömung und wann Ebbe beziehungsweise Flut ist. Vielleicht brauche ich auch noch ein paar Helfer. Wenn das alles gegeben ist, dann kann es losgehen in Richtung Helgoland. Ab diesem Zeitpunkt ist es dann wichtig, darauf zu vertrauen, dass alle Beteiligten das notwendige Wissen haben, dass die Ausrüstung vernünftig ist, dass wir die richtige Route einschlagen und dass wir heil auf Helgoland ankommen.

Eine Reise ohne Vertrauen, also eine Reise voller Angst und Bedenken, ist alles andere als erholsam.

Auch Vertrauen hat etwas mit dem Thema „Loslassen" zu tun. Loslassen der Ängste und Befürchtungen.

Vertrauen beginnt – wie alles andere auch – im Kopf. Manchmal hilft es, den schlimmsten Fall einmal gedanklich durchzuspielen und sich einen Plan B und C zu machen. Sie werden feststellen, dass viele unserer Ängste den Schrecken verlieren, wenn wir die schlimmste aller Möglichkeiten mal bis zum Ende gedanklich durchspielen.

Vertrauen aufbauen ist ein Prozess. Bei mir hat er leider lange gedauert. Ich habe lange Zeit mit mir und meinem Schicksal gehadert. Ich fühlte mich nicht gut genug., vertraute meinem Können und meinen Fähigkeiten nicht. Ich vertraute nicht darauf, dass Menschen mich um meiner selbst willen mögen könnten. Meinen wahren Traum, als Rednerin auf der Bühne zu stehen, verbarg ich. Wer sollte sich schon für das interessieren, was ich zu sagen habe?

Das Wichtigste ist, dass Sie anfangen, sich selbst zu vertrauen. Vertrauen Sie darauf, dass es immer irgendwie weitergeht, vertrauen Sie darauf, dass Sie irgendwann sagen werden: „So wie es gelaufen ist, so ist es gut. Es hat mich zu genau dem Menschen gemacht, der ich heute bin." Ohne diese Erfahrung, ohne meine Erlebnisse wäre ich heute nicht da, wo ich bin.

Das Leben ist schön. Es hat manchmal schwierige und manchmal auch sehr harte Aufgaben für uns. Manchmal ist es unendlich traurig. Manchmal ist es zum Verzweifeln und wir wissen nicht, wo wir den Mut und die Kraft zum Weitermachen herbekommen. Vertrauen hilft. Es hilft, schwierige Phasen und Momente besser zu verkraften.

Vertrauen ist der Motor, mit dem wir unsere Zukunft gestalten. Nichts ist wirklich sicher! Wir haben alle unsere Aufgaben hier auf der Erde. Wir sind alle wertvolle Wesen. Gehen Sie ins Vertrauen, dass der Weg, den Sie gehen, der Ihnen vielleicht auch durch äußere Umstände und Erlebnisse vorgegeben ist, genau der richtige Weg für Sie ist. Auch, wenn Sie in dem Moment, in dem etwas passiert, noch nicht wissen, wozu es gut ist: Vertrauen Sie darauf, dass Sie genau das irgendwann wissen werden. Denken Sie immer daran: Erlebnisse von heute machen Sie zu dem Menschen von morgen.

Heute bin ich dankbar für alle meine Erfahrungen. Es waren schmerzhafte, verlustvolle Erfahrungen (materiell und immateriell). Ich habe meine Familie, Menschen, Tiere, meine Gesundheit und unglaublich viel Geld, Immobilien, meine Firma etc. verloren.

Doch in der Zeit, als ich alles verloren hatte, habe ich eines gelernt: Heimat in mir selbst zu finden.

Ich habe angefangen, mir selbst zu vertrauen. Ich habe wertvolle Menschen kennengelernt, die mich seitdem begleiten. Ich habe seit dieser Zeit sehr viel vom Leben geschenkt bekommen – immateriell und inzwischen auch wieder materiell. Heute sehe ich all die Geschenke des Lebens. Früher habe ich viele Dinge als selbstverständlich hingenommen. Heute sehe ich vieles als Geschenk und bin sehr dankbar dafür. Mein Leben ist ein Leben in Fülle und voller Vertrauen, auch, wenn nach wie vor nicht immer alles perfekt läuft. Doch meine Einstellung hat sich verändert. Und ich vertraue ...

3. Krisen – wie wir sie wahrnehmen

Krisen prägen uns und unsere Wahrnehmung. Wenn wir negative Dinge erlebt haben, dann sehen wir die Welt durch eine andere Brille als diejenigen, die eine solche Krise noch nicht erfahren haben. Wir haben grundsätzlich immer die Wahl, wie wir Dinge wahrnehmen können: durch die Brille des Problems und des Leidens oder durch die Brille der Chance und der Lernaufgabe. Alles, was uns passiert, ist in irgendeiner Weise eine Lernaufgabe und macht uns zu dem Menschen, der wir morgen sein werden.

Egal, welche Brille wir gerade aufsetzen, es gibt immer mehrere Wahrheiten. Und genau das können wir uns fragen: Ist es wirklich wahr, wie ich es gerade wahrnehme? Oder gibt es noch eine andere Wahrheit? Wie könnte eine andere Perspektive aussehen?

Doch schauen wir uns das einmal im Einzelnen an:

3.1 Die sich selbst erfüllende Prophezeiung

Kennen Sie das? Sie haben eine bestimmte Erwartung, und genau das, was Sie erwarten, passiert auch! Wir alle nehmen die Welt durch den Filter unserer eigenen Wahrnehmung auf Grundlage unserer Erfahrungen und Emotionen wahr. Die Kernfrage hierbei lautet: Ist es wirklich wahr, was wir wahrnehmen? Wie wahr ist unsere Wahrnehmung? Ist es die Wirklichkeit? Wie real ist die Realität, die wir sehen?

Fakt ist: In unserer eigenen Wahrnehmung ist es wahr! Ob es auch für andere wahr ist, steht auf einem ganz anderen Blatt.

Wenn Sie genau das erleben, was Sie erwartet haben, kann das zwei Ursachen haben: Entweder haben Sie hellseherische Fähigkeiten oder es ist ein Fall der sich selbst erfüllenden Prophezeiung.

Was bedeutet das?

Wenn Sie in einer Situation eine ganz bestimmte Erwartungshaltung oder Überzeugung haben, werden Sie alles, was Ihre These bestätigt, entsprechend wahrnehmen. Sie haben sozusagen Ihren Fokus auf genau die Dinge, die es bestätigen. Alles andere blenden Sie aus.

Beispiel:

Sie gehen zu einer Gruppe von Menschen und erwarten, dass Sie (aus welchem Grund auch immer) dort mit niemandem in Kontakt bekommen oder sogar abgelehnt werden. Also kommen Sie in diese Gruppe mit einer gewissen Grundskepsis hinein. Andere nehmen Ihre Skep-

sis unbewusst wahr, während Sie auf die Gruppe zusteuern, und sind deswegen vorsichtig Ihnen gegenüber. Ihre Interpretation könnte sein: „Wusste ich's doch! Die lehnen mich ab!" Oder ein Gespräch verstummt genau in dem Moment, in dem Sie zu einer Gesprächsrunde dazustoßen. Ihre Interpretation ist vielleicht eine ganz andere, als das, was wirklich gewesen ist. Sie denken: „Die haben gerade über mich geredet" oder „Aha, ich darf nicht erfahren, worüber die geredet haben". Sie werden sich unbewusst entsprechend verhalten. Vielleicht war das Thema aber einfach nur gerade beendet oder die anderen Personen waren einfach neugierig auf Sie und wollten sich auf Sie konzentrieren.

Das eigene Verhalten bedingt das Verhalten der anderen. Sie interpretieren in einer Situation Ablehnung und verhalten sich entsprechend. Die anderen reagieren dann auf Ihr Verhalten und sind ihrerseits zurückhaltend. Im besten (oder eher im schlechtesten) Fall haben Sie nun genau die Bestätigung dessen, was Sie ja sowieso schon wussten: Sie spüren die Skepsis oder Ablehnung der anderen, die tatsächlich aber nur aufgrund Ihres eigenen Verhaltens entstanden ist.

Auch in anderen Fällen ist unser Wahrnehmungsfilter phänomenal. Sie kennen das bestimmt: Sie kaufen sich etwas in einer bestimmten Farbe oder einer bestimmten Marke (ein Kleidungsstück, ein neues Auto etc.), und plötzlich sehen Sie ständig das gleiche Kleidungsstück, das gleiche Auto etc., auch noch in Ihrer Farbe! Oder Sie bzw. jemand, der Ihnen nahesteht, ist schwanger. Sie glauben gar nicht, wie viele schwangere Frauen oder Frauen mit Kinderwagen Sie plötzlich sehen!

Wir nehmen unsere Umwelt immer durch unsere eigene Brille wahr. Der Fokus bestimmt unsere Wahrnehmung. Aus genau dem Grunde ist es so immens wichtig, auf den eigenen Fokus zu achten: Wie bzw. was denken Sie? Wie fühlen Sie?

Manche Menschen, die in ihrer Opferhaltung gefangen sind, ziehen immer und immer wieder irgendwelchen Mist an. Ihnen passieren oft Dinge, die anderen nicht passieren. Das kann für das Umfeld belustigend sein, für die Betroffenen sicher nicht. Ich kenne solche „Pechvögel", die sitzen im Stadion mit 5000 anderen Menschen und bekommen genau den Ball an den Kopf.

Ein anderes trauriges Beispiel: Ein lieber Bekannter, der leider noch immer in seiner Opfer-Denke gefangen ist, zieht sich die blödesten Dinge in sein Leben. Er verliert sein Handy und fährt anschließend mit dem Auto drüber. Er kauft sich Bienen, tut alles für sie und das Bienenvolk zieht woanders hin. Das nächste Bienenvolk stirbt. Jede Erkältungswelle nimmt er mit. Und er erlebt eine menschliche Enttäuschung nach der anderen. Hier kann man sich die Frage stellen: Ist das wirklich nur Pech oder sind hier unbewusste Muster am Wirken? Werden hier unbewusst Dinge getan, die immer wieder bestätigen, dass er Opfer ist?

Die wichtigste Frage ist: Was genau nimmt mein Bekannter wahr? Gibt es für ihn wirklich nur Unglück oder sind da vielleicht auch Glücksmomente, die er einfach nicht sieht oder durch seine „Opferhaltung" nicht sehen kann?

Möglicherweise sollte er seine Pech-Situationen umdeuten bzw. anders interpretieren: Vielleicht wollte er unbewusst ein neues Handy haben? Ist er vielleicht sogar ein Glückspilz, weil er als einer von 5000 Menschen im Stadion auserwählt wurde? Er hatte zwar den Ball an den Kopf bekommen, durfte ihn aber auch behalten, erschien auf dem großen Stadionbildschirm und wurde dadurch bekannt. Warum passierte ihm das mit den Bienen? Hatte er vielleicht einfach nicht den richtigen Ort und die richtige Zeit gewählt? Würde er anschließend das fleißigste und beste Bienenvolk haben, weil er aus seinen Fehlern lernen konnte? Ist sein schwaches Immunsystem vielleicht ein Signal seines Körpers, dass er etwas an seinem Leben und seiner Situation ändern sollte?

Durch welche Brille nehmen Sie Ihre Gegenwart wahr? Wie deuten Sie die Dinge, die Ihnen passieren? Wie ist Ihr Fokus? Was sehen Sie? Welche unbewussten Muster kommen zum Vorschein?

Ich selbst habe mich jahrelang nirgendwo zugehörig gefühlt. Ich habe mich immer als Sonderling gefühlt, mit dem keiner etwas zu tun haben wollte. Für mich war es zu dem Zeitpunkt die Wahrheit. Mein Selbstwertgefühl existierte quasi nicht. Ich fühlte mich ungeliebt, unbeliebt und war der festen Überzeugung, dass ich absolutes Mittelmaß sei – in meinen Leistungen, in meinem Aussehen, mit meinem Leben. Wenn ich heute auf meine Vergangenheit zurückblicke, war das keineswegs so. Ich habe unglaublich viel geschafft, überstanden und erreicht. Ich hatte immer Freunde oder Wegbegleiter (auch, wenn ich sie manchmal nicht gesehen habe). Allein war ich nie wirklich, auch, wenn ich mich allein gefühlt habe. Es waren immer Menschen da, die mir geholfen haben, wenn es mir schlecht ging. Ich bin immer wieder aufgestanden, egal, was passiert ist. Ich habe in meinem Leben unglaublich viele Erfahrungen sammeln dürfen.

Heute weiß ich, dass es viele Menschen gibt, die mich mögen. Ich weiß auch, dass es Menschen gibt, die mich ablehnen. Früher hatte ich meinen Fokus immer nur auf der zweiten Gruppe. Die sind mir heute egal. Mein Fokus heute liegt auf den Menschen, die mich mögen und mit denen ich gerne zusammen bin. Ich weiß, dass ich wertvoll bin, so wie jeder andere Mensch auch. Ich bin nicht perfekt, ich mache Fehler und manchmal enttäusche ich (ungewollt) Menschen, vor allem diejenigen, die eine gewisse Erwartungshaltung an mich haben, die ich nicht (mehr) erfüllen möchte.

Ich bin, wie ich bin, und ich darf so sein, wie ich bin. Ich bin ich.

Und Sie sind ebenfalls genau richtig, so wie Sie sind (auch, wenn ich mich an dieser Stelle wiederhole, aber es ist soooo wichtig).

Zurück zum Fokus und der sich selbst erfüllenden Prophezeiung.

Wenn Sie Dinge wahrnehmen, die Ihnen nicht guttun, dann stellen Sie sich doch einfach mal die Fragen: „Ist es wirklich wahr, was ich gerade wahrnehme? Ist meine Interpretation die einzig richtige oder gibt es noch eine andere Möglichkeit, die Dinge wahrzunehmen? Was wäre, wenn es tatsächlich ganz anders ist, als ich es gerade wahrnehme und empfinde? Was würden andere zu dieser Situation sagen? Wie würden andere diese Situation beschreiben?"

Der Pygmalion-Effekt

Die sich selbst erfüllende Prophezeiung kann auch positiv angewendet werden. Bekannt ist das dann unter dem sogenannten Pygmalion-Effekt. Dieser besagt, dass ich mit einer positiven Grundhaltung auch positive Ergebnisse hervorrufe. Gerne wird das auch im Führungskräftebereich angewendet. Es gibt hierbei zwei Grundannahmen:

1. Wenn Führungskräfte hohe Erwartungen an ihre Mitarbeiter haben, dann werden die Mitarbeiter sehr wahrscheinlich auch überdurchschnittliche Leistungen erbringen.
2. Mitarbeiter tun meistens genau das, von dem sie ausgehen, dass es von ihnen erwartet wird.

Der Pygmalion-Effekt soll auf folgende Geschichte Ovids zurückgehen:

Auf Zypern lebte der Künstler Pygmalion. Aufgrund schlechter Erfahrungen mit Frauen wurde er zum Frauenfeind und lebte nur noch für seine Bildhauerei. Irgendwann erschuf er eine Frauenstatue, in die er sich verliebte, und er bat die Göttin der Liebe darum, eine Frau zu finden, die wie diese Statue sei. Tief in seinem Innern wünschte er sich jedoch, die Statue möge lebendig werden. Als er die Statue wie immer streichelte und liebkoste, verwandelte sie sich tatsächlich in eine Frau aus Fleisch und Blut.

Man findet diese Geschichte in der Literatur immer mal wieder abgewandelt. Ihr Kern ist das Thema der sich selbst erfüllenden Prophezeiung oder anders ausgedrückt: Wir bekommen meistens genau das, was wir erwarten zu bekommen.

Haben Sie schon einmal so etwas wie ein Visionstagebuch geführt? Probieren Sie das mal aus. Es ist wirklich spannend. Schreiben Sie dazu Ihre Wünsche und Ziele in ein Visionstagebuch. Formulieren Sie diese so, als wären Ihre Wünsche schon Realität und als hätten Sie Ihre Ziele bereits erreicht. Bitte schreiben Sie es so genau wie möglich auf.

***Beispiel:** Wenn Sie sich Ihren Wunschpartner kreieren, dann schreiben Sie genau auf, wie er sein soll, sehen Sie ihn vor Ihrem geistigen Auge. Sie können äußerliche Merkmale aufschreiben (Größe, Gewicht, Augenfarbe, Haarfarbe) und natürlich die Charaktermerkmale. Versuchen Sie an alles zu denken, bitte auch an Dinge wie Wohnort, Familienstand (darf er zum Beispiel bereits Kinder haben), Gesundheit, sexuelle Vorlieben etc. Je genauer Sie sich Gedanken über ihn machen, desto besser.*

Das Gleiche können Sie auch mit Ihrem Wunschjob, Ihrer Wunschwohnung (oder Ihrem Wunschhaus) etc. machen. Wichtig ist aus meiner Erfahrung jedoch eines: Nehmen Sie sich Zeit zum Aufschreiben. Seien Sie gründlich und genau. Ansonsten kann es Ihnen passieren, dass Sie vielleicht (ich bleibe mal bei dem Beispiel Wunschpartner) den perfekten Partner finden, der jedoch krank ist oder vielleicht in einer Beziehung „feststeckt", aus der er sich nicht lösen kann (oder will), der viel zu weit weg wohnt etc.!

Wenn Sie alles notiert haben, legen Sie dieses Buch bitte zur Seite. Jetzt ist es Zeit, Ihre Wünsche loszulassen. Denn je verkrampfter und unbedingter Sie etwas haben wollen, desto weniger kommt es oft in Ihr Leben. Loslassen ist das Geheimnis. Das ist gar nicht so einfach, wenn es sich um einen absoluten Herzenswunsch handelt.

> Schauen Sie doch einmal zurück in Ihr Leben. Wann haben sich die meisten Wünsche erfüllt? Zu dem Zeitpunkt, als Sie es unbedingt wollten? Oder vielleicht zu einem späteren Zeitpunkt, als Sie innerlich schon fast damit abgeschlossen hatten oder gar nicht mehr daran gedacht hatten?

Mein Tipp: Probieren Sie es mal aus. Ich selbst habe 2016 damit angefangen und fand es eher albern. Warum sollte sich etwas erfüllen, was ich in ein Buch schreibe? Aber ich habe mich überreden lassen. Vor einigen Monaten – fast drei Jahre später – fiel mir dieses Buch wieder in die Hände. Ich habe reingeschaut und war positiv erschrocken! Fast alles hat sich erfüllt. Seit dieser Erfahrung höre ich von immer mehr Menschen, denen es genauso ging.

Fangen Sie an, Ihre eigene Zukunft zu kreieren. Sie müssen zum jetzigen Zeitpunkt noch nicht wissen, wie es geht. Sie brauchen keine Lösungen im Kopf zu haben. Schreiben Sie Ihre Wünsche so auf, als seien sie bereits erfüllt und als würden Zeit und Geld keine Rolle spielen.

Können und Wissen

Doch nicht nur mit den Themen Geld und Zeit begrenzen wir uns. Der nächste begrenzende Klassiker ist „Können und Wissen". Wir können alles lernen.

Selbstverständlich gibt es teilweise natürliche Begrenzungen. Als Rollstuhlfahrer werden Sie keinen Marathon mitlaufen – es sei denn, Sie werden wieder gesund oder Sie fahren bei einem Rollstuhl-Marathon mit. Als 46-jährige Frau werde ich kaum die Haut und das Aussehen einer 20-Jährigen erreichen können. Als Mama eines schulpflichtigen Kindes kann ich nicht einfach durch die Welt reisen und das Kind nicht zur Schule gehen lassen. Mit der Tierwelt ist es noch einfacher zu erklären: Ein Fisch wird niemals einen Baum hochklettern können. Manche Wünsche sind also in der Regel ausgeschlossen. Aber viele Dinge können wir lernen. Um in der Tierwelt zu bleiben: Selbst Katzen und Kühe können schwimmen, wenn sie müssen. Nur glücklich sind sie damit nicht.

Werden Sie sich bewusst darüber, was Sie wirklich möchten und was möglich ist, ohne sich zu sehr zu begrenzen. Fast alles ist möglich. Fangen Sie an, Ihre Ziele, Pläne und Wünsche aufzuschreiben. Ihr Unterbewusstsein ist dann darauf eingestellt, mögliche Chancen und Kontakte wahrzunehmen. Sie werden anfangen, genau die Menschen und Umstände in Ihr Leben zu ziehen. Anders ausgedrückt: Sie werden Ihren Fokus verändern und genau diese Menschen und Umstände wahrnehmen, die helfen werden, Ihr eigenes Ziel, Ihre eigenen Wünsche zu erreichen.

So können Sie das Phänomen der sich selbst erfüllenden Prophezeiung für sich arbeiten lassen.

Achten Sie auf Ihre Gedanken

Kennen Sie übrigens die sogenannten kosmischen Gesetze? Thot, der ägyptische Gott der Weisheit (auch Hermes Trismegistos oder der dreimal große Hermes genannt), hat sie vor Tausenden von Jahren auf Smaragd-Tafeln geschrieben. Diese Tafeln sind jedoch verschollen. Dennoch: Seine sieben Gesetze sind bis heute gültig und (wahrscheinlich) unabänderlich.

Eines der Gesetze lautet: Das Prinzip des Geistes. Es beschreibt genau das, was ich unter anderem in den vorherigen Kapiteln beschrieben habe. Es geht um die mentale Schöpfung. Einer der Sätze lautet: Das Bewusstsein bestimmt das Sein. Alle Ihre Gedanken schaffen und bzw. verändern. Gedanken sind Schöpferkraft. Entscheidend ist das tatsächliche „Wollen", also die Intensität des inneren Wünschens und Sehnens.

Gedanken können schaffen und zerstören. Deswegen: Achten Sie auf Ihre Gedanken. Lassen Sie Ihre Gedanken zur Quelle unendlicher Schöpfung werden. Denken Sie liebevoll. Gedanken in Liebe ziehen liebevolle Dinge ins Leben. Gedanken voller Hass und Zerstörung ziehen Entsprechendes ins Leben. Wenn Sie merken, dass negative, zerstörerische Gedanken aufkommen, verabschieden Sie diese liebevoll, zum Beispiel mit folgenden Worten: „Danke, liebe Gedanken, dass ihr bei mir gewesen seid. Doch jetzt brauche ich euch nicht mehr. Mein Leben wird zukünftig ein Leben voller liebevoller Gedanken sein. Bitte verlasst mich und lasst den liebevollen Gedanken Raum."

Dankbarkeit hat eine größere Kraft als Verdrängung. Ein liebevolles Verabschieden von Dingen und Gedanken kann Wunder wirken. Erschaffen Sie sich Ihr gewünschtes Leben mit liebevollen Gedanken.

3.2 Die Stimmen

Was denken Sie bei dem Satz: „Ich höre Stimmen (in meinem Kopf)"? Spannenderweise denken viele Menschen gleich an Krankheiten, an so etwas wie Schizophrenie, Wahnvorstellungen etc. Doch die Stimme in unserem Kopf ist oft nur unsere innerste Stimme, die sich Gehör verschaffen möchte. Denn die Stimmen im Außen sind oft so laut, dass wir unsere innere Stimme gar nicht mehr wahrnehmen können!

Wir Menschen in der westlichen Welt leben häufig viel zu stark im Außen. Wir hören ständig die Stimmen im Außen, die Meinungen anderer, lassen uns beeinflussen und vergessen, in uns selbst hineinzuhören. Viele Menschen haben nonstop Radio, Fernsehen, Hörbücher oder Musik laufen. Doch je mehr wir nur im Außen leben, desto weniger nehmen wir uns selbst wahr.

Wie gut können Sie Stille ertragen? Das fällt vielen Menschen in unserer westlichen Welt unglaublich schwer. Wir betäuben uns mit dem, was im Außen passiert. Wir lenken uns ab, um unsere wahren Gefühle nicht spüren zu müssen. Wenn wir in die Ruhe kommen, besteht die Gefahr, dass wir vielleicht etwas spüren oder eine innere Stimme hören, die unangenehm sein kann.

Vielleicht wird uns bewusst, wie unglücklich wir sind oder welche körperlichen „Zipperlein" wir haben. Solange wir uns im Außen und mit dem Außen betäuben, ist uns vieles nicht bewusst und wir leben vor uns hin.

In die Ruhe kommen kann wehtun – auf körperlicher und auf geistiger Ebene.

Auf körperlicher Ebene merken wir vielleicht plötzlich ein Ziehen oder Schmerzen im Körper. Häufig manifestieren sich psychische Themen auf körperlicher Ebene. Doch durch Hektik und legale Drogen (Alkohol, Kaffee, Zigaretten, Schmerzmittel) betäuben wir es. Wir merken unsere wahre Müdigkeit, Erschöpfung oder Schmerzen gar nicht erst bzw. nehmen sie nicht ernst und machen weiter – bis es dann richtig schlimm wird.

Auf geistiger Ebene wollen wir manchmal gar nicht wahrhaben, dass wir vielleicht unzufrieden oder unglücklich sind.

Manchmal hören wir auch nur genau die Stimmen im Außen, die das bestätigen, was wir gerne hören wollen.

Das Drei-Stimmen-Modell

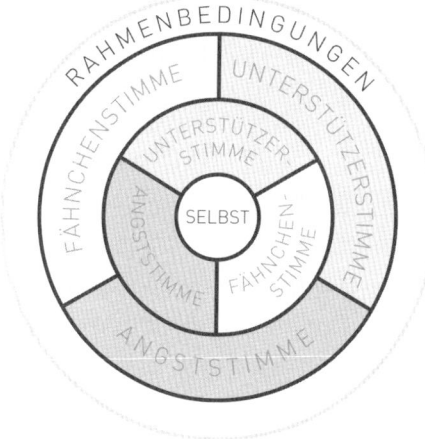

Sie sehen in der Grafik insgesamt vier Kreise:

Der Mittelpunkt: das Selbst, unser innerster, wahrer Kern. Es ist das, was uns als Person und Mensch wirklich ausmacht – mit unseren Fähigkeiten, unseren Talenten, unserem Charakter, unseren Wünschen und Träumen, aber auch mit dem, was wir vielleicht nicht so gut können. Im Optimalfall leben wir unser Leben so, dass es unserem Kern, unserem Selbst entspricht. Im Kern sind wir genau richtig, so wie wir sind, und wir sind auch genau so gewollt. Wir dürfen so sein, wie wir sind, und genau das Leben leben, das unserem Selbst entspricht.

Der äußere Kreis: unser Umfeld, die Rahmenbedingungen. Häufig leben wir aber (in Teilen) das Leben, das von uns erwartet wird und das den Prägungen aus unserem Elternhaus und unserer Umwelt entspricht. Wir sind in vermeintlichen Rahmenbedingungen gefangen. Alles, was wir tun und lassen, und wie wir reagieren, hat etwas mit unserer Umgebung, unserer Umwelt, mit den Personen und Aufgaben zu tun, die uns gerade umgeben oder die uns in unserer Vergangenheit umgeben haben. Die Vergangenheit hat uns zu dem gemacht, was wir heute sind. Doch auch im Hier und Jetzt sind die Rahmenbedingungen ein entscheidender Faktor für unser Verhalten, unser Denken, unser Fühlen und die Stimmen, die wir hören oder hören wollen. So verhalten wir uns im vertrauten Freundes- und/oder Familienkreis oft anders als unter Fremden oder im beruflichen Umfeld. In gewohnten Situationen fühlen wir uns (selbst-)sicherer als in ungewohnten und neuen. Wie friedlich oder „feindselig" ist unser Umfeld gerade? Fühlen wir uns wohl? Haben wir das Gefühl, anerkannt und gemocht zu werden? Das alles sind Rahmenbedingungen, die uns steuern. Das Umfeld ist auch aus einer weiteren Sichtweise heraus entscheidend für mein Verhalten: Wenn mir beispielsweise das Wohlwollen meines Umfelds wichtig ist, verhalte ich mich wahrscheinlich anders, als wenn es für mich fremde Menschen sind, die ich nie wiedersehen werde und/oder die keine Bedeutung für mich haben.

Die mittleren Kreise: die Stimmen in uns und in unserem Umfeld. Auch diese Stimmen bestimmen (sic!) unser Verhalten, unser Denken und unser Fühlen. Davon gibt es viele, doch in meinem Modell reduziere ich sie auf die drei wichtigsten. (Ergänzend dazu empfehle ich Ihnen das „Modell des inneren Teams" von Friedemann Schultz von Thun.)

Sie erkennen in der Abbildung zwei Innenkreise, in denen jeweils drei Stimmen sind:

1. die (wohlwollende oder euphorische) Unterstützerstimme
2. die (kritisierende oder warnende) Angststimme
3. die (gemeine bzw. flexible) Fähnchenstimme

Der innere Kreis um Ihr Selbst sind die drei Stimmen in Ihrem eigenen Kopf.

Der äußere Kreis stellt die drei Stimmen unseres Umfelds dar.

Diese Stimmen sind eng verbunden mit Ihrem Selbstwertgefühl: Wie gut oder schlecht Ihr Selbstwertgefühl gerade ist, hängt unter anderem natürlich auch wieder mit den Rahmenbedingungen zusammen und mit den Menschen, die Sie in den entsprechenden Situationen umgeben. Spannenderweise hören wir im Außen meist die Stimme, die unsere innere Stimme bestätigt. Wenn wir uns also gerade richtig gut fühlen und vielleicht sogar stolz auf uns sind, hören wir diese Stimmen auch im Außen. Sind wir mit uns oder unserer Leistung unzufrieden, dann hören wir auch im Außen viel mehr auf die kritisierende Stimme, die unser eigenes inneres Empfinden bestätigt, als vielleicht auf die wohlwollende Stimme, die uns sagt, dass wir etwas gut gemacht haben.

Sehen wir uns die drei Stimmen im Einzelnen an:

Die (wohlwollende oder euphorische) Unterstützerstimme

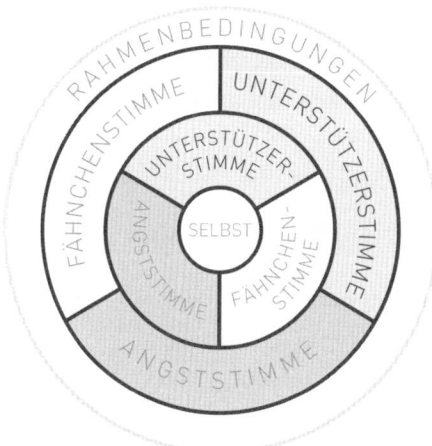

Diese Stimme sieht das Gute an den Dingen. Sie ist wohlwollend, sie ist unterstützend. Im Optimalfall sagt uns diese Stimme, was wir gut gemacht haben, und wir können es auch annehmen.

Die Unterstützerstimme im inneren Mittelkreis ist diejenige, die uns glauben bzw. wissen lässt, dass wir genau richtig sind, so wie wir sind. Uns ist bewusst, was wir können und was wir leisten. Wir glauben an uns, und diese Stimme unterstützt diesen Glauben. Diese Stimme sagt uns, was uns alles Gutes umgibt, lobt unsere Erfolge und sieht sogar das Gute, wenn etwas Negatives passiert. Sie baut uns auf. Es ist die Stimme, die den Glauben an uns unterstützt und für unser Selbstvertrauen und unsere Selbstsicherheit verantwortlich ist. Im äußeren Mittelkreis steht die Stimme für die Menschen, die an uns glauben und uns unterstützen. Es sind die Menschen, die uns Dinge sagen wie: „Weiter so!", „Du bist klasse!", „Ich liebe dich", „Ich mag dich", „Du kannst das!", „Du schaffst das!". Diese Menschen, die mit der Unterstützerstimme zu uns sprechen, meinen es ehrlich und aus ihrer Überzeugung heraus (im Unterschied zur Fähnchenstimme, zu der wir später noch kommen).

Noch etwas können wir von dieser Stimme hören: wohlwollende Verbesserungsvorschläge. Diese können von uns selbst kommen (aus unserem Inneren), weil wir beispielsweise gemerkt haben, dass wir noch besser sein können, wenn wir beim nächsten Mal anders handeln oder wenn wir das eine oder andere noch dazulernen. Oder wir hören sie im Außen in Form von wohlwollenden, ehrlichen und fördernden Hinweisen.

Wenn wir auf diese Stimme hören, dann, weil wir uns verbessern wollen. Sie nagt nicht an unserem Selbstwertgefühl (im Unterschied zur kritisierenden Angststimme, die sich meist dann meldet, wenn unser Selbstwertgefühl nicht stabil ist – aber dazu später mehr). So, wie die Unterstützerstimme auch mal kritisieren kann (ohne unser Selbstwertgefühl dabei negativ zu beeinflussen), kann sie auch ins Euphorische umschlagen. Dann ist so viel positive Energie da, dass eventuell sogar Risiken oder Gefahren übersehen werden. Wir strotzen dann vor Optimismus und vor Selbstsicherheit, werden vielleicht sogar übermütig.

Die Unterstützerstimme ist die Stimme, die uns im Leben weiterbringt. Im Innen ist sie im Optimalfall eng verbunden mit unserem Selbst. Es ist die Stimme, die unseren Wert kennt und die leistungsorientiert ist. Es ist die Stimme, die uns Mut zuspricht und uns zu Höchstleistungen verhilft. Die Unterstützerstimme lässt uns das Positive in unserem Leben und in unserem Umfeld sowie die Chancen des Lebens sehen. Sie ist verantwortlich für den Optimismus tief in uns.

Wenn die Unterstützerstimme in unserem Innen stark ist, dann hören wir auch die Unterstützerstimmen im Außen. Die Angststimmen und die Fähnchenstimmen im Außen werden dann oft sogar überhört bzw. nicht wahrgenommen.

Wenn jedoch beispielsweise unsere Angststimme im Inneren besonders laut ist, dann wird die Unterstützerstimme im Außen oft überhört. Und damit kommen wir zu der nächsten Stimme:

Die (kritisierende oder warnende) Angststimme

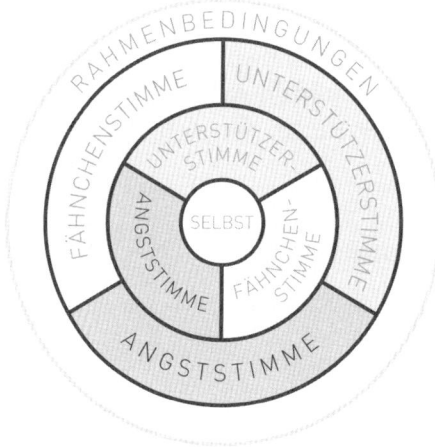

„Das kannst du nicht", „Das ist zu teuer", „Das kann sich nicht rechnen", „Dafür ist keine Zeit", „Das Wetter ist zu schlecht", „Das ist zu gefährlich", „Was sollen die anderen denken?", „Was glaubst du eigentlich, wer du bist?", „Hast du schon mal an die möglichen Folgen gedacht?", „Hochmut kommt vor dem Fall!", „Schuster bleib bei deinen Leisten", „Damit sind schon andere gescheitert" – das eine oder andere kommt Ihnen garantiert bekannt vor ... Besonders klasse ist auch der folgende Spruch, den mir meine eigene Mutter ins Poesie-Album geschrieben hat und der bestimmt in Tausenden von Poesie-Alben der 70er- und 80er-Jahre steht: „Sei wie das Veilchen im Moose – bescheiden, sittsam und rein. Und nicht wie die stolze Rose, die immer bewundert will sein!"

(Kleine Anmerkung am Rande: Was für ein Bullshit!!! Leider hatte ich diesen Satz viel zu sehr verinnerlicht und früher immer anderen den Vortritt gelassen. Man „drängt" sich ja nicht in den Vordergrund ... Liebe Eltern von heute – bitte bringt Euren Kindern so einen Mist gar nicht erst bei!!!)

Diese Sprüche der Angststimmen sind echt motivierend, oder? Leider haben viele von uns diese oder ähnliche Sätze viel zu oft in unserer Kindheit und Jugend gehört und sie als Glaubenssätze verinnerlicht. Als Folge ist die daraus resultierende Skepsis und die Angst, nicht gut genug zu sein, immer noch tief in uns verwurzelt. Die Folge: ein mangelndes Selbstwertgefühl.

Dieses zeigt sich oft in Form von Ängsten:
- Die Angst davor, nicht gut genug zu sein
- Die Angst davor, nicht zu genügen
- Die Angst davor, abgelehnt zu werden
- Die Angst vor negativen Konsequenzen
- Die Angst vor falschen Entscheidungen
- Die Angst davor, nicht genug Geld zu haben
- Die Angst vor Einsamkeit und Alleinsein

- Die Angst davor, was andere sagen oder denken könnten
- Die Angst davor, einer Aufgabe nicht gewachsen zu sein
- Usw. usw.

Ängste sind nicht immer schlecht. Sie können uns vor Gefahren schützen oder vor übereilten Entscheidungen, die wir vielleicht zu einem späteren Zeitpunkt bereuen. Sie schützen uns auch davor, sozial isoliert zu sein, denn wenn wir nur egoistisch und ohne Rücksicht auf andere Menschen agieren, ist das genauso wenig hilfreich, als wenn wir unser Leben ausschließlich an den Wünschen anderer ausrichten und unsere eigenen Wünsche und Bedürfnisse immer hintanstellen.

Die Frage ist, wie stark uns unsere Ängste beherrschen und behindern: Sind sie hilfreich oder hindern sie uns am Fortkommen? Ängste können schützen, sie können aber auch blockieren. Wie alles im Leben kommt es auf die richtige Dosis an. Als Vergleich hierzu: Medikamente können helfen oder töten. In der Homöopathie beispielsweise werden – in Minimaldosierung – viele (tödliche) Gifte zum Heilen genommen.

Kommen wir zurück zur (kritisierenden und warnenden) Angststimme. Auch diese finden wir sowohl in uns selbst als auch im Außen. Sie kennen sicherlich Menschen, die in einer Tour nur die negativen und gefährlichen Seiten einer Sache sehen, oder? Wenn wir die gleichen Ängste auch in uns selbst verankert haben, dann fallen diese kritisierenden und warnenden Angststimmen im Außen bei uns auf sehr fruchtbaren Boden und verstärken unsere eigenen Ängste. Wenn in uns jedoch die Unterstützerstimme die stärkste ist, dann können wir uns die Angststimmen der anderen zwar anhören, entscheiden anschließend aber bewusst, ob wir diese Stimmen hören und annehmen wollen oder nicht.

Neben der Unterstützer- und der Angststimme gibt es noch eine weitere Stimme, die ich die Fähnchen-Stimme nenne. Und das ist sprichwörtlich zu nehmen.

Die (gemeine bzw. flexible) Fähnchenstimme

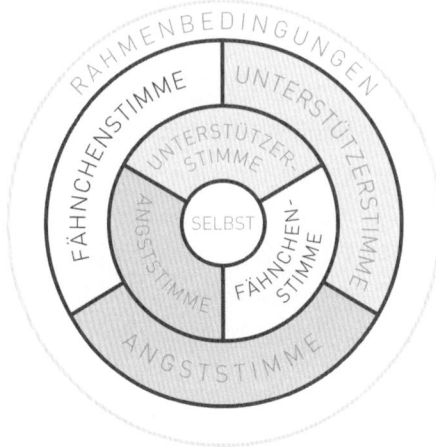

Kennen Sie die Redewendung: „Sein Fähnchen in den Wind hängen"? Das bedeutet, dass sich jemandes Meinung ständig ändert, und zwar so, wie es gerade dem „Mainstream", also der „allgemeinen Meinung" entspricht. Diese Stimme hat aus diesem Grund das Verb „flexibel" hinzubekommen, denn die Fähnchenstimme passt sich immer wieder an und bestätigt die vorherrschende Meinung oder Stimme (also die Angststimme oder die Unterstützerstimme). Sie kann sich im schlechtesten Fall von jetzt auf gleich ändern. Das Verb „gemein" bezieht sich auf das, was diese Stimme, vor allem die innere Fähnchenstimme, mit uns macht.

Fangen wir mit dem Außen an: Vielleicht sind Ihnen schon Menschen begegnet, die irgendwie grundsätzlich Ihrer Meinung sind oder der Meinung, die gerade „gewünscht" oder sozial anerkannt ist. Sie erzählen beispielsweise ganz euphorisch von einer neuen Idee und bekommen von der entsprechenden Person absolute Unterstützung, also ähnlich wie bei der Unterstützerstimme. Über Nacht kommen Ihnen selbst Bedenken und Sie gehen am nächsten Tag zur gleichen Person und hören dann vielleicht Worte wie: „Ja, du hast recht. Irgendwie ist es doch keine so tolle Idee!" Am besten ist es dann noch, wenn Sätze kommen wie: „Ich habe von Anfang an nicht daran geglaubt, aber ich wollte dich ja nicht enttäuschen ... Die Idee ist nicht gut, aber du warst so euphorisch!" Im Extremfall passiert dann noch Folgendes: Ein paar Tage später treffen Sie diese Person wieder und erzählen von Argumenten, die doch für Ihre Idee sprechen, und siehe da, Ihr Gegenüber ist mal wieder der gleichen Meinung.

Natürlich hängt eine Reaktion von einem anderen Menschen auch von der Art und Weise ab, wie Sie Dinge erzählen und wie überzeugend Sie sind. Vielleicht überzeugen Sie tatsächlich jedes Mal diese andere Person. Das kann natürlich so sein. Oder Sie sind so vehement in Ihrer Meinung, dass der andere keine Chance hat. Doch das hat dann weniger mit der Fähnchenstimme als mit Ihrem Kommunikationsstil zu tun. Mir geht es bei der Fähnchenstimme um die Menschen, die einem immer nur „nach dem Mund reden". Diese Stimmen im Außen können wir nicht ändern. Wir können lediglich entscheiden, unser Umfeld zu verändern, also uns mit anderen Menschen zu umgeben, oder sie zu ignorieren.

Kommen wir zu der inneren Fähnchenstimme, denn die ist dramatischer als die Fähnchenstimme im Außen. Die innere Fähnchenstimme hört nämlich immer genau das heraus, was sie hören möchte bzw. was die eigene Meinung über uns selbst bestätigt. Wenn wir hauptsächlich unserer (euphorischen) Unterstützerstimme in unserem Inneren zuhören, dann hören wir im Extremfall mit der Fähnchenstimme auch nur die positiven Dinge – selbst, wenn tatsächlich mal Vorsicht angesagt wäre oder wir wohlwollende Verbesserungsvorschläge bekommen. Noch schlimmer ist es, wenn wir hauptsächlich auf unsere Angststimme hören. Und jetzt wird der Begriff „gemein" deutlicher: Die Fähnchenstimme hört dann im Außen insbesondere nur noch die Stimmen oder Untertöne aus Aussagen heraus, welche die Angststimme bestätigen. Das ist Gift für das Selbstvertrauen und das Selbstwertgefühl. Das kann im schlimmsten Fall schon fast selbstzerstörerische Ausmaße haben.

Ich möchte das Ganze an zwei Beispielen verdeutlichen:

Beispiel 1: *Stellen Sie sich eine Person vor, die einen Vortrag halten soll. Diese Person ist total unsicher und fühlt sich im Grunde genommen überhaupt nicht wohl in ihrer Rolle als Vortragende. Sie hat große Angst zu versagen, fühlt sich nicht gut genug. In ihrem Inneren ist die Angststimme sehr laut. Die Unterstützerstimme wird kaum bis gar nicht wahrgenommen. Diese Person hält nun den Vortrag und alles läuft bestens. Im Anschluss kommen zehn Zuhörer auf sie zu und sagen, wie toll der Vortrag war! Und dann kommt noch einer. Diesem hat der Vortrag gar nicht gefallen, und er kommentiert ihn mit Worten wie „Na, da habe ich aber was anderes erwartet ...!", das Gesagte vielleicht sogar unterstützt mit einer abwertenden Geste und einem entsprechenden Blick ... Da die innere Angststimme des Referenten (oder der Referentin) besonders stark ist, wird dieser einen negativen Stimme nun besonders viel Beachtung geschenkt. Diese eine negative Meinung wirkt viel viel stärker als die zehn positiven, denn sie bestätigt in diesem Moment die eigene Angststimme. Und dann kommt noch die (gemeine) Fähnchenstimme dazu! Diese wird nun in den positiven Stimmen vielleicht einen Unterton wahrnehmen. Vielleicht flüstert sie auch so etwas wie: „Das haben die bestimmt nicht ernst gemeint, die wollten mir nur etwas Nettes sagen, damit ich nicht so traurig bin ... In Wirklichkeit habe ich total versagt!" Die Fähnchenstimme unterstützt in diesem Fall die innere Angststimme. Der Negativ-Kreislauf der „mentalen Selbstzerstörung" hat begonnen. Das Selbst hat wieder einmal die Bestätigung erhalten, (angeblich) nicht gut genug zu sein.*

Eine Person mit einem gesunden Selbstwertgefühl freut sich über die zehn positiven Stimmen und hört auch der einen negativen Stimme zu. Danach entscheidet sie, ob sie für sich etwas aus der Situation herausnimmt, es also eine Lernerfahrung ist oder nicht. Die zehn positiven Stimmen bestätigen die (wohlwollende) Unterstützerstimme und das Selbstwertgefühl wird gestärkt bzw. die positive Grundhaltung bestätigt.

Beispiel 2: *Eine Person soll einen Vortrag halten. Sie ist vermeintlich selbstsicher und siegesgewiss. Das mangelnde Selbstwertgefühl zeigt sich bei ihr in Form von übersteigerter Selbstsicherheit, vielleicht sogar mit narzisstischen Tendenzen. Nach dem Vortrag kommen zehn Menschen auf die Person zu und sagen, dass es ihnen nicht so gut gefallen hat oder dass sie etwas anderes erwartet haben. Nur eine Person ist begeistert von dem Vortrag. Unser „narzisstischer" Vortragender wird dieser einen positiven Stimme sehr viel mehr Gewicht geben als den zehn negativen. Diese eine positive Stimme bestätigt seine eigene innere (euphorische) Unterstützerstimme. Die innere Fähnchenstimme wird nun aus den negativen Aussagen irgendetwas Positives herausfiltern: „Das war bestimmt alles gar nicht so negativ gemeint und vor allem sind wahrscheinlich ohnehin alle nur neidisch", „Die zehn Personen, die Kritik geäußert haben, haben bestimmt keine Ahnung. Der Vortrag war gut!".*

Unsicherheit bzw. ein schlechtes Selbstwertgefühl tragen hier das Gewand der übertriebenen Selbstsicherheit – als Schutzpanzer, um nicht verletzt zu werden. Manchmal ist der Schutzpanzer so stark antrainiert, dass die entsprechende Person ihre eigene Unsicherheit gar nicht mehr wahrnimmt. Diese kommt dann nur zur Geltung, wenn Dinge nicht gut laufen oder etwas im Außen zusammenbricht. Das sind Menschen, die im Grunde ihres Herzens und Gefühls total unsicher sind. Doch das wird überspielt. Nach außen hin wirken diese Menschen extrem selbstbewusst und selbstsicher, manchmal sogar narzisstisch (Narzissmus = übertriebene Selbstverliebtheit im Sinne von Selbstbewunderung. Bitte nicht verwechseln mit Selbstliebe).

Eine Person mit einem gesunden Selbstwertgefühl wird in derselben Situation auf Fehlersuche gehen: Warum gab es so viel negatives Feedback? Lag es am Vortrag selbst? Lag es an den Umständen? War vielleicht das Thema nicht gut genug abgesprochen? War der Auftrag nicht klar? Auch für eine Person mit einem guten Selbstwertgefühl ist das keine schöne Situation, aber ihr Selbstwertgefühl bleibt intakt. Sie wird daran wachsen, denn sie weiß: Sie als Person ist genau richtig, so wie sie ist. Die Situation war nicht schön, aber man kann etwas für das nächste Mal daraus lernen.

> In meinen Seminaren werde ich immer wieder gefragt:
> **Was tun, wenn die Angststimme sehr laut ist und die Fähnchenstimme dies auch noch unterstützt?**
> Wenn Sie diese Konstellation bei sich bemerken, dann stellen Sie sich bitte folgende Fragen:
> - Ist es wirklich wahr, was ich wahrnehme?
> - Welche Macht gebe ich welcher Stimme?
> - Was würde die Unterstützerstimme dazu sagen, wenn sie laut genug wäre?
> - Welche Argumente könnte die Unterstützerstimme gegen die Angststimme bringen?
> - Warum ist die Angststimme so stark? Wessen Stimme ist es wirklich (vielleicht die von den Eltern oder eine andere alte Stimme aus der Vergangenheit)?
> - Was ist alles gut gelaufen?
> - Was möchte ich wirklich konkret verändern und was kann ich verändern?
> - Was kann mir helfen, die Unterstützerstimme stärker wahrzunehmen?

3.3 Innen wie außen

Ein weiteres der sieben kosmischen Gesetze von Thot ist „Das Prinzip der Entsprechungen oder Analogien". Es besagt: „Wie oben – so unten, wie unten – so oben. Wie innen – so außen, wie außen – so innen. Wie im Großen, so im Kleinen."

Ich möchte mich vor allen auf den Teil „Wie innen – so außen" konzentrieren.

So, wie Sie im Innen sind, wie Sie sich fühlen, so erleben Sie auch Ihre Außenwelt. Umgekehrt ist die Außenwelt ein Spiegel Ihres inneren Erlebens und Fühlens. Wenn sich etwas verändern soll, dann führt kein Weg daran vorbei, dass Sie bei sich selbst anfangen.

Viele der bekannten Motivationsmethoden nutzen dieses Gesetz – leider vor allem den Teil „Wie außen – so innen". Viele Methoden setzen im Außen an, so nach dem Motto: „Tu so, als ob ..." Oder „Fake it till you make it". Auch werden Dinge empfohlen wie „Erfolgstagebuch schreiben" oder „Affirmationen nutzen" (Kurzdefinition: Affirmationen sind positiv formulierte Sätze, die regelmäßig gesagt oder gehört werden, zum Beispiel in einer Meditation. Sätze wie zum Beispiel: „Ich bin zufrieden, ich bin erfolgreich, ich schaffe alles, was ich mir vornehme etc." Durch entsprechend häufiges Sagen oder Hören soll es sich im Unterbewusstsein verankern und das Denken und Leben dadurch verändern). Weitere häufig empfohlene Methoden sind: Zettel mit positiven Sätzen oder Smileys an den Spiegel hängen, sich selbst loben und auf die Schulter klopfen etc. Ohne Frage – es sind alles auf die eine oder andere Art gute und sinnvolle Methoden, die absolut ihre Existenzberechtigung haben. Doch manchmal gehört noch etwas anderes dazu.

Mir haben diese Methoden seinerzeit zu großem Erfolg verholfen. Leider habe ich zweimal alles verloren, und das lag an dem viel wichtigeren Teil des kosmischen Gesetzes bzw. an der Nicht-Beachtung des Gesetzes „Innen wie außen". Um langfristig etwas zu verändern, müssen wir das Innen verändern, nicht das Außen. Doch wie geht das? Warum funktionieren die Methoden bei vielen Menschen und warum bei anderen nicht?

Das Innen verändern

Inzwischen habe ich viele Menschen kennengelernt, denen es genauso erging wie mir: Sie zogen sich Geld und Erfolg ins Leben – und verloren es wieder. Lange Zeit fragte ich mich: „Warum?" Warum blieben Erfolg und Geld nicht bei mir? Was ist bei mir anders als bei anderen – als bei denen, die erfolgreich wurden und es auch blieben? An meinem Ehrgeiz konnte es nicht liegen – der war da. An fehlender Energie lag es auch nicht. Ich tat viel – strengte mich unglaublich an, arbeitete 12 bis 16 Stunden am Tag, teilweise sogar sieben Tage die Woche. Was war es? Warum zog ich mir immer wieder Dinge und Menschen ins Leben, die meinen Erfolg und meine Finanzen boykottierten?

Meine Antwort darauf: Die oben genannten Methoden sind super. Aber sie funktionieren nur, wenn sie stärker sind als das Unterbewusstsein. Sie funktionieren, wenn wir wirklich daran glauben. Doch leider geht das nicht auf Knopfdruck. Solange im Unterbewusstsein Zweifel sind und dem Außen kein Glauben geschenkt wird, funktioniert es nicht. Solange im Unterbewusstsein Wahrheiten existieren über das, was wir NICHT sind und NICHT dürfen, funktionieren die Methoden nur kurzfristig. Unbewusst ziehen wir uns Dinge ins Leben, die das Bild im Unterbewusstsein wieder stärken.

Wenn das Unterbewusstsein stärker ist als alle Affirmationen und sonstigen Methoden, gilt das Prinzip „Innen wie außen". Wir schaffen es dann zwar, uns immer wieder aufzubauen, doch unbewusst tun wir Dinge, die gleichzeitig unseren Erfolg boykottieren.

Ich war seinerzeit innerlich das kleine Mädchen geblieben, dem Erfolg, Geld und Glück nicht zustanden. Das war mir aber keinesfalls bewusst, fühlte ich mich doch wie die große Geschäftsfrau. Ich nahm mir nicht die Zeit der Ruhe, ich nahm mir keine Zeit, um zum Beispiel in einer Meditation in mich hineinzuhorchen. Ich baute mein Selbstbewusstsein durch Erfolg und Geld auf. Und es funktionierte. Doch mein Unterbewusstsein boykottierte meinen Erfolg immer wieder und ich zog mir immer wieder Messies, Mietnomaden, die falschen Berater und unseriöse Kunden in mein Leben.

Im Außen spiegelte sich immer wieder das Bild, das tief in meinem Unterbewusstsein verankert war, das ich aber durch die Hektik und die Aktivität im Außen nicht wahrgenommen habe. Leider haben wir keinen Schalter, den wir drücken können, damit uns fortan das Unterbewusstsein nicht mehr boykottiert.

Wenn mich jemand in meiner „Finanzberatungswelt" oder aus einer anderen sehr sachlichen Welt fragt, wie ich es geschafft habe, mich zu verändern, dann nenne auch ich die oben genannten Methoden, doch es war viel mehr. Wichtig ist es, unser Innenleben zu spüren. Zeit für sich selbst zu haben, Heimat in sich selbst zu finden. Das Verändern der Gedanken ist ein wichtiger Bestandteil, um eine Veränderung im Außen zu bewirken. Hierzu können Sie im Kapitel 3.3 noch einiges nachlesen. Ich empfehle, regelmäßig zu meditieren, gerne auch mit Affirmationen – denn die können durchaus sehr mächtig sein.

Wenn Sie wissen möchten, was mir tatsächlich geholfen hat, mich nachhaltig zu verändern, dann schauen Sie zurück in das Kapitel 1.5.

Spirituellere Methoden

Wie weit sind Sie, sich den spirituelleren Methoden gegenüber zu öffnen?

Innen wie außen – außen wie innen.

Es findet stets ein Energieausgleich statt. Die Frage ist also: Was hat die größere Energie, den größeren Sog-Effekt? Das Innen oder das Außen? Aus meiner Erfahrung heraus möchte ich Ihnen Folgendes mitgeben: Es nützt das tollste Außen nicht, wenn das Innen klein, schwach, ängstlich, traurig, unsicher, unglücklich oder Ähnliches ist. Erst, wenn Sie im Inneren anfangen, positive Gefühle zu entwickeln, spiegelt sich das auch im Außen wider. Umgekehrt ist das Außen egal, wenn Sie im Inneren Fülle und Reichtum spüren. Wenn Sie innerlich glücklich und zufrieden sind, dann kann im Außen der Sturm oder sogar der Orkan toben und Sie bleiben in Ihrer eigenen Mitte. Es ist ein Unterschied, ob Sie im Auge des Orkans sind (siehe Kapitel 2.2) oder ob Sie in Ihrer eigenen Mitte sind. Finden Sie Heimat in sich selbst, dann ist es egal, wo und wie Sie wohnen. Lieben Sie sich selbst, dann ziehen Sie auch liebevolle Menschen in Ihr Leben. Und Menschen, die Ihnen nichts Gutes wollen, schaden Ihnen dann nicht, denn sie erreichen nur Ihr Ohr, nicht Ihr Herz.

Sehen Sie das Gute in allem
Wenn Sie gerade in einer unglücklichen oder unzufriedenen Situation sind, dann können Sie auch erst einmal im Kleinen anfangen. Achten Sie auf die Dinge, die gut laufen oder genau richtig sind, so wie sie sind. Verändern Sie Ihren Fokus – weg von dem, was Sie unglücklich oder traurig macht, hin zu dem, was ansonsten noch da ist.

Achten Sie auf schöne Momente – auf das Lächeln einer anderen Person, auf Kleinigkeiten, die gelingen (und sei es, dass Sie heute staufrei von A nach B gekommen sind oder dass die Person, mit der Sie verabredet waren, pünktlich erschienen ist). Viele Dinge nehmen wir als Selbstverständlichkeit hin und achten nur auf die Dinge, die nicht gut laufen. Ändern Sie das bitte. Es gibt jeden Tag Dinge, für die wir dankbar sein können. Das kann auch für gutes Essen, warmes Wasser zum Duschen, ein tolles Duschgel, ein gemütliches Bett, freie Zeit (oder die verplante Zeit) und unsere Familie und Freunde sein. Dankbarkeit führt zu Zufriedenheit und lenkt den Blick weg von negativen hin zu den positiven Dingen des Lebens.

Noch etwas ist wichtig (und hier möchte ich bewusst wieder auf das „Du" umsteigen, weil es mir so wichtig ist, Ihnen das Folgende mitzugeben):

Reflexion und Sinn

Unser Außen ist immer die Projektionsfläche unseres inneren Empfindens. Das Außen ist ein Spiegel Deiner Seele.

Wenn Dir Dinge passieren, dann stelle Dir bitte stets die Frage: Warum passiert Dir das gerade? Weshalb triggert es Dich? Warum hast Du Dir genau diese Person oder diese Situation ins Leben gezogen?

Mal angenommen, Du wurdest von einer Person betrogen, belogen oder was auch immer. Warum konnte diese Person bei Dir überhaupt andocken? Was hat sie Dir damals gegeben? War es etwas, was Du da gerade gebraucht hast (Liebe, Anerkennung, Sicherheit, Geld)? Was hat sie Dir Gutes gegeben und wie könntest Du es auf noch andere Art und Weise erhalten? Warum war diese Person in Deinem Leben?

Manchmal begegnen uns Menschen nur deswegen, weil wir etwas mit ihnen oder von ihnen lernen sollen bzw. können. Der Coach und Autor Robert Betz nennt diese Menschen „Arsch-Engel". Ja, sie tun uns weh! Ja, wir ärgern uns über sie! Doch sie zeigen uns auch, wo wir noch Lernpotenzial haben. Sie zeigen uns, wo wir Defizite haben. Manchmal bringen sie uns auf einen neuen Weg, weil wir uns plötzlich mit Dingen beschäftigen, die wir vorher noch nicht kannten.

Welche Gefühle hat die Situation oder die Person in Ihnen ausgelöst und warum? Sie ärgern sich? Sind Sie wütend, enttäuscht, sauer, traurig? Sinnen vielleicht sogar auf „Rache"? Aber überlegen Sie: Wem schaden Sie mit diesen Gefühlen am meisten? Der anderen Person? Nein, zuallererst schaden Sie nur sich selbst! Diese Gefühle machen etwas mit Ihnen. Sie schaden Ihrer Ausstrahlung. Sie schaden Ihrem Wohlbefinden. Mit solchen unangenehmen Gefühlen besteht die Gefahr, dass Sie die nächsten unangenehmen Dinge in Ihr Leben ziehen. Denn wir ziehen immer genau das an, was wir in uns drin spüren.

Senden Sie positive Gedanken
Versuchen Sie, den Personen, denen Ihre negativen Gefühle gelten, Liebe zu senden. Zugegeben, dass ist anfangs oft wirklich schwierig. Wenn es Ihnen nicht gelingt, dann versuchen Sie es mit einer abgeschwächten Form: Senden Sie ihnen Licht. Senden Sie ihnen gedanklich „Heilung" von ihrem Leid. Denn auch diesen Personen haben ihre Aufgaben und Herausforderungen. Senden Sie ihnen gute Energie und gute Gedanken. Auch, wenn Ihnen das am Anfang komisch vorkommt! Probieren Sie es mal aus! Und prüfen Sie, was es mit Ihnen selbst macht. Wie fühlen sich diese Gedanken an?

Oft kommen negative Gefühle anderen Personen gegenüber immer dann zustande, wenn wir uns ungerecht behandelt fühlen oder das Gefühl haben, dass uns etwas weggenommen wird oder wurde (Liebe, Freundschaft, Geld, Titel, Eigentum, Anerkennung, andere Menschen). In genau diesem Moment sind Sie im Mangel! Machen Sie sich dann stets bewusst, dass von allem genug da ist – andere Menschen, Liebe, Geld, Materielles etc.!

Sie können sich alles neu in Ihr Leben ziehen! ALLES!

Dafür ist es aber wichtig, dass Sie „durchlässig" sind. Wenn andere Sie angreifen, Sie beleidigen, Ihnen vermeintlich Unrecht antun: Versuchen Sie, durchlässig zu sein. Lassen Sie diese unangenehmen Gefühle durch sich hindurchgleiten. Wir sind Menschen und können unsere Emotionen oft nicht abstellen. Doch wir können bewusst unseren Fokus verändern. Liebe statt Hass. Den Blick auf das Gute sowie die Lernerfahrungen richten und nicht auf das Schlechte.

Werden Sie Mentor
Wenn Sie etwas verloren haben (Liebe, Geld etc.), dann holen Sie sich „einfach" Neues ins Leben. Wie Sie damit anfangen können, erfahren Sie im nächsten Kapitel. Doch vorher noch eine andere wichtige Sache:

Viele Motivations- und Erfolgstrainer sagen: „Wenn du erfolgreich sein willst, musst du dein Umfeld verändern. Umgib dich nur noch mit erfolgreichen Menschen, wirf die anderen Menschen aus deinem Leben."

Doch wenn wir diesen Tipps folgen, besteht dann nicht die Gefahr, dass wir irgendwann nur noch „die da oben" und „die da unten" haben? Wenn jeder erfolgreiche Mensch sich nur noch mit ebenfalls erfolgreichen oder noch erfolgreicheren Menschen umgeben soll, wie können dann diejenigen, die aktuell noch (!) nicht erfolgreich sind, folgen? Sollen diese Menschen wirklich ihr altes Umfeld komplett verlassen? Ganz ehrlich: Das finde ich ausgesprochen egoistisch und realitätsfremd!

Mein Erfolgsrezept an dieser Stelle: Wenn Sie erfolgreiche Menschen in Ihrem Umfeld haben, dann werden Sie irgendwann auch fast automatisch erfolgreicher. Dem kann ich absolut zustimmen. Optimalerweise haben Sie einen erfolgreichen Mentor an Ihrer Seite, der Ihnen hilft, auf die nächste Stufe zu kommen. Erfolgreiche Menschen ziehen weiteren Erfolg an und Sie können davon absolut profitieren, vor allem auch in der Art und Weise, wie erfolgreiche Menschen denken.

Es ist aber ebenfalls total schön, andere Menschen mitzuziehen und vielleicht selbst Mentor zu sein. Nehmen Sie die Menschen mit, die Ihnen wichtig sind. Denken Sie bitte dabei immer daran: Nicht jeder Mensch möchte „schön, reich, erfolgreich" sein. Viele Menschen sind glücklich mit dem, was sie haben. Sie wünschen sich ein Leben in Ruhe, Frieden und Harmonie, zum Beispiel im Rahmen ihrer Familien. Und das ist auch gut so. Diese Menschen können wiederum für andere die absoluten „Kraftmenschen" sein, gerade weil sie nicht in einer Tour nach Erfolg streben.

Das Miteinander und die Akzeptanz des anderen ist viel wichtiger als ein bewusstes „Ausscheiden" aus einem alten Bekanntenkreis. Und manchmal haben wir liebe Menschen in unserem Umfeld, die in ihrer

Entwicklung noch nicht so weit sind wie wir – Menschen, die vielleicht auch jammern und sich als Opfer fühlen, Menschen, die anderen Menschen die Schuld für irgendetwas geben.

Wie wäre es denn, wenn Sie diesen Menschen helfen, ihr Bild von sich und der Welt zu verändern und selbst auf einen anderen Weg zu kommen? Suchen Sie sich einen Mentor und seien Sie selbst einer!

In einem gebe ich den oben erwähnten Trainern jedoch recht: Die Anzahl der Menschen, von denen Sie lernen können, die schon da sind, wo Sie hinmöchten, sollte die Anzahl der Menschen, die Sie mitziehen, übersteigen. Das hilft, um in der positiven Energie zu bleiben.

3.4 Meine Welt – Deine Welt – unsere Welt

Das Thema Wahrnehmung habe ich schon an anderen Stellen aufgegriffen. Wie wahr ist die Wirklichkeit? Wie wahr ist die Wahrheit, die ich als wahr wahrnehme? Wahrnehmen – wenn wir das Wort auseinandernehmen, dann steckt das Wort „wahr" mit drin. Wahrnehmen: Ich *nehme* die Dinge als *wahr* an. Das, was ich sehe, entspricht der Wahrheit, meiner Wahrheit.

Konflikte entstehen dann, wenn andere Menschen eine andere Wahrnehmung haben. Unsere Wahrnehmung hängt von unserer inneren Landkarte ab. Diese wiederum hängt von vielen Faktoren ab, dazu gehören zum Beispiel:
- unsere aktuelle Stimmung
- der Fokus, den wir haben
- unsere Erlebnisse in der Vergangenheit (denn wir gleichen ständig das Hier und Jetzt mit dem ab, was wir bereits kennen)
- unser (aktuelles) Wissen
- unsere Wünsche, Ziele, Pläne

Ich erläutere das anhand von ein paar Beispielen.

... und fange mal mit dem Thema Tourette-Syndrom an: Wenn Menschen es nicht kennen und nicht wissen, interpretieren sie in meine Körpersprache schnell etwas hinein – sie wissen es ja nicht anders und gleichen es ständig mit ihrem Wissen und ihren Erfahrungen ab. Was jedoch in meine Körpersprache hineininterpretiert wird, hängt wiederum von dem ab, was diese Menschen selbst empfinden und fühlen bzw. was sie in der Vergangenheit selbst gehört oder erlebt haben.

Die Klassiker, die ich schon des Öfteren gehört habe (und in Klammern dahinter meine Interpretation):
- *Du hast so nervös gewirkt (wegdrehen und Augen zucken kann auf andere nervös wirken)*
- *Deine Körpersprache wirkt nicht authentisch (das habe ich vor allem früher oft gehört, als ich versucht habe, zwanghaft die Tics zu unterdrücken ... von daher ist es heute sogar für mich logisch nachvollziehbar, dass irgendetwas unecht aussah)*

- *Du hast mir „so süß" zugezwinkert (die Person fühlte sich in dem Moment geschmeichelt)*
- *Habe ich irgendwas Falsches gesagt? (die Person interpretierte meine Tics als Ablehnung der eigenen Person bzw. der Dinge, die sie gesagt hatte)*

Ein weiteres Beispiel: Zwei Personen gehen in ein Lokal. Die eine Person hatte an jenem Tag furchtbar viel Stress und Ärger und die andere Person hat gerade das Gefühl, „auf Wolke 7" zu schweben, weil alles wunderbar läuft. Beide haben also eine gänzlich unterschiedliche Grundstimmung. Im Lokal bedient ein mittelmäßig freundlicher Kellner, selbst vielleicht gerade angespannt, aber bemüht, nett und freundlich zu sein. Nun überlasse ich es Ihrer Fantasie, was die eine und was die andere Person nach dem Besuch im Lokal über den Kellner sagt. Was hat welche der beiden Personen vielleicht „wahr-genommen"?

Beispiel drei (dieses Beispiel dürfte Ihnen aus Kapitel 3.2 („Die Stimmen") schon bekannt sein): Sie fühlen sich selbst gerade unsicher. Sie wissen nicht genau, ob das, was Sie machen oder gemacht haben, richtig ist. Ihr Selbstvertrauen und Ihr Selbstwertgefühl sind gerade ausgesprochen instabil. Neun Menschen sagen Ihnen, dass Sie toll sind und vieles richtig machen (und meinen es auch absolut ehrlich). Eine Person übt harsche Kritik an Ihnen. Auf wen hören Sie? Wem glauben Sie? Den neun Personen, die Sie loben, oder der Person, die Sie kritisiert und genau die Punkte trifft, bei denen Sie selbst unsicher sind aufgrund Ihres mangelnden Selbstwertgefühls? Umgekehrt: Sie sind gerade richtig gut gelaunt, es läuft zu Ihrer Zufriedenheit, Sie vertrauen sich selbst und Ihren Fähigkeiten und haben ein gesundes Selbstwertgefühl. Wie viel geben Sie dann auf die Meinung dieser einen Person?

Dann gibt es noch die Übertreibung in die andere Richtung: Stellen Sie sich eine Person vor, die absolut von sich selbst überzeugt ist, die der Meinung ist, sie mache alles richtig und das, was sie tut, sei das einzig

Wahre. Die meisten anderen haben in den Augen dieser Person ohnehin keine Ahnung und nichts zu melden. Vielleicht empfinden Sie diese Person als „größenwahnsinnig" und arrogant. Vielleicht haben Sie jetzt sogar eine Person aus Ihrem Umfeld vor Augen. Nun drehen wir das Verhältnis mal um. Neun Personen üben Kritik an dieser Person und sind nicht einverstanden mit dem, was sie tut, sagt oder wie sie sich verhält. Eine Person ist vielleicht großer Fan und findet alles klasse, was der- bzw. diejenige tut. Wessen Stimme hört diese absolut von sich selbst überzeugte Person? Die neun kritisierenden Stimmen oder die eine bestätigende?

Bei diesen Beispielen geht es mir nicht darum, wer nun recht hat und wer sich richtig verhält. Es geht um das Thema Wahrnehmung und Wahrheit. Nur, weil wir etwas wahrnehmen, heißt es nicht, dass es wahr ist. Jemand mit einer Rotgrünschwäche kann diese beiden Farben nun mal nicht oder nur schwer auseinanderhalten. Da ist es wenig zielführend, wenn ihr eine andere Person deswegen Vorwürfe macht. Über Wahrheit und Wahrnehmung lässt sich streiten – oder eben gerade nicht.

Die folgende Situation zeigt ebenfalls noch einmal auf, wie unterschiedlich Wahrheiten sein können:

Stellen Sie sich ein Pärchen vor. Sie hat ihm schon vor einiger Zeit erzählt, dass sie sich am kommenden Wochenende mit ihren „Mädels" trifft und er auf die Kinder aufzupassen und seinen Fußballfreunden abzusagen hat. Er hat es aber nicht wirklich wahrgenommen. Er hat nur gehört, dass sie „irgendwann mal" ausgeht. Das konkrete Datum hat er nicht mitbekommen. Wie könnte diese Diskussion nun ablaufen? Er behauptet, sie hätte das nie gesagt oder sie hätte gesagt „irgendwann mal". Sie hält dagegen, dass sie sehr wohl einen Termin genannt und er ihr nur mal wieder nicht zugehört habe. Doch wer hat recht? Wie konkret hat sie es gesagt? Was hat er gehört? Was ist gesagt worden? Ein Streit darüber ist sicherlich nachvollziehbar, doch wesentlich sinnvoller ist es, eine Lösung zu finden, statt sich gegenseitig vorzuwerfen, dass der andere eine falsche Wahrnehmung hatte und man selbst recht. In seiner Wahrnehmung hat sie kein konkretes Datum gesagt. Für ihn ist es die Wahrheit und das, was wirklich gewesen ist. In ihrer Wahrnehmung ist eine andere Sache wahr, nämlich, dass sie das Datum konkret genannt und er mal wieder nicht zugehört hat. Die „wirkliche" Wahrheit gibt es nicht. Beide sind fest davon überzeugt, dass ihre Wahrnehmung und Wahrheit die richtige ist. Im Nachhinein kann nicht mehr geklärt werden, ob sie sich wirklich klar ausgedrückt und er nicht zugehört hat oder ob sie es vielleicht doch sehr schwammig formuliert hat. Vielleicht hat sie es ja auch nur irgendwo im Nebensatz erwähnt. Da die Situation nicht auf Video aufgenommen wurde, kann es nicht mehr nachvollzogen werden. Und wie immer gilt: Nur, weil einer etwas meint und glaubt, es deutlich gesagt zu haben, heißt es nicht, dass es beim anderen auch genau so ankommt. Der andere versteht es vielleicht völlig anders.

Als letztes Beispiel möchte ich von einer Mutter-Tochter-Beziehung aus meinem Bekanntenkreis berichten.

Die beiden faszinierten mich. Sie waren sich in ihren Verhaltensweisen unglaublich ähnlich und kritisierten am anderen genau das, was sie selbst taten, aber an sich selbst nicht sahen. Sie liebten und sie hassten sich. Wie in dem alten, in diesem Fall sehr passenden Spruch: Das eine Langohr schimpft den anderen Esel. Beide verhielten sich in meiner Wahrnehmung sehr ähnlich und warfen es sich gegenseitig als falsches Verhalten vor. Details würden jetzt zu weit führen. Und beide schütteten regelmäßig ihr Herz bei mir aus. Das ist nun viele Jahre her. Die Mutter ist inzwischen verstorben, doch sie konnten zuvor ihren Frieden miteinander machen. Eine Geschichte der beiden möchte ich Ihnen nicht vorenthalten, denn sie passt so gut zum Thema Wahrnehmung: Die Tochter erzählte mir, dass sie in der Kindheit von der Mutter mal mit dem Messer bedroht worden war. Sie war fest davon überzeugt, dass es so gewesen ist. Sie war noch 40 Jahre später richtig sauer deswegen. Die

Mutter stritt dies vehement ab – sie hätte doch ihre eigene Tochter nicht mit dem Messer bedroht! Was für eine Absurdität. Wer erzählte nun die Wahrheit? Wer erinnerte sich „richtig" – mal abgesehen davon, dass es über 40 Jahre her war. Aus beiden Erzählungen versuchte ich nun eine Wahrheit zu „interpretieren". Meine Idee: Vielleicht war es ja so, dass die Mutter in der Küche stand und ohnehin schon ein Messer in der Hand hatte, um zum Beispiel das Essen zuzubereiten. Die Tochter sagte irgendetwas, es kam zum Streit. Die Mutter hatte während des Streits nach wie vor das Messer in der Hand. Die Tochter empfand dies als Bedrohung, die Mutter war sich des Messers wahrscheinlich in dem Moment noch nicht einmal bewusst. Dann wären beide Geschichten wahr... Leider wollten Mutter und Tochter davon nichts wissen. Beide blieben bei ihrer eigenen Wahrheit und sprachen unter anderem wegen dieses Vorfalls lange Jahre kein Wort miteinander.

Was ist wahr? Wie wahr ist die Wirklichkeit? Meine Welt – Deine Welt – unsere Welt: Unsere Welten und unsere Wahrheiten passen oft nicht zueinander. Zwei Menschen, die Gleiches erleben, erleben es vielleicht auf ganz unterschiedliche Art und Weise. Die Gefahr von Konflikten bei unterschiedlicher Wahrnehmung der Wahrheit bzw. der Welt ist groß, vor allem, wenn die betroffenen Personen viel miteinander zu tun haben.

Wenn Sie einen anderen Menschen nicht verstehen, dann hilft es, sich immer wieder klarzumachen, dass dieser Mensch eine völlig andere Erlebniswelt hat und seine Welt durch seine eigene Brille sieht. Toleranz und Verständnis für den anderen ist ein wunderbarer Weg, um ein harmonisches Miteinander zu haben – auch wenn die gemeinsame Welt bzw. die Wahrnehmung der Welt manchmal klein ist.

4. Rein ins Leben – der Weg zur mentalen inneren Stärke

Es gibt Menschen, denen passieren viele schreckliche Dinge, und als Außenstehender hat man das Gefühl, die stecken alles ganz locker weg. Und dann gibt es Menschen, die zerbrechen fast an Kleinigkeiten. Was unterscheidet die einen von den anderen?

Als Antwort würden viele Therapeuten und Coaches sagen: die Resilienz. Als Resilienz wird die Fähigkeit bezeichnet, schwierige Lebenssituationen gut und ohne anhaltende Beeinträchtigung zu überstehen, also die psychische Widerstandsfähigkeit. Doch was bedeutet es genau und wie entsteht Resilienz?

Resilienz entsteht aus mentaler innerer Stärke – und die kann jeder erlernen. Um mentale innere Stärke zu erlangen, ist es wichtig, seine Perspektive zu ändern. Raus aus dem Jammertal, raus aus der Opferhaltung. Blick auf die Dinge, die gut laufen.

Das bedeutet nicht, dass Sie Gefühle verdrängen oder unterdrücken sollen. Die dürfen sein. Es ist aber eine Frage des dauerhaften Fokus.

Beispiel: Wenn Sie starke Schmerzen haben und jedem lang und breit davon erzählen, dann haben Sie immer wieder den Fokus auf den Schmerzen. Natürlich dürfen Sie anderen sagen, dass es Ihnen gerade nicht so gutgeht (wenn Sie das dringende Bedürfnis haben oder Unterstützung brauchen), aber danach sollten die Gesprächsthemen wechseln. Je weniger Sie über die Schmerzen erzählen, desto stärker sind Ihre Selbstheilungskräfte. Ähnlich ist es bei anderen Krisen. Je mehr Sie anderen erzählen, wie schlecht es Ihnen gerade geht, desto schlechter geht es Ihnen auch.

Lenken Sie Ihre Gedanken auf die guten Dinge. Versuchen Sie in Ihren Schicksalsschlägen oder negativen Erlebnissen einen Sinn zu finden. Was dürfen Sie aus dieser Situation lernen? Die Sinnsuche hilft, aus der Opferhaltung herauszukommen. Sie lenkt Ihre Gedanken auf positive Dinge.

Einen Satz möchte ich Ihnen an dieser Stelle schon einmal mitgeben. Er ist die Zauberformel, um möglichst schnell aus einem Tief herauszukommen. Sagen Sie sich stets:

Das, was mir gerade passiert – egal wie gut oder schlecht es auch sein mag –, macht mich zu dem wunderbaren Menschen, der ich morgen sein werde!

(Erklärung: Alles, was Ihnen in der Vergangenheit passiert ist, hat Sie zu dem wertvollen Menschen gemacht, der Sie heute sind. Oft sind es gerade die schwierigen Situationen, die uns besonders prägen und aus denen wir am meisten lernen.)

Achtung Nebenwirkung! Je weniger Sie jammern, desto weniger Mitgefühl erhalten Sie. Starke Menschen bekommen wenig Mitgefühl.

Kennen Sie den Begriff des sekundären Krankheitsgewinns? Viele Menschen „suhlen" sich in ihren Krisen und Schicksalen – denn sie bekommen dadurch sehr viel Aufmerksamkeit von anderen Menschen. Mehr dazu in Kapitel 4.2.

Aber: Wenn Sie Ihre mentalen inneren Kräfte aktivieren und selbstbestimmt Ihr Leben leben, dann leben Sie gesünder, zufriedener und glücklicher!

Apropos selbstbestimmtes Leben:

4.1 Wessen Leben lebst du?

Wie sehr erfüllen Sie die Erwartungen anderer? Wie selbstbestimmt und eigenverantwortlich leben Sie Ihr Leben?

Häufig hören wir es schon am Sprachgebrauch eines Menschen, wie selbst- oder fremdbestimmt er lebt. Kennen Sie Menschen, die ständig „müssen"? Sie müssen noch hier hin, sie müssen noch da hin, sie müssen dieses oder jedes erledigen, sie müssen zur Arbeit, sie müssen die Kinder abholen, sie müssen Essen kochen, sie müssen einkaufen, sie müssen, sie müssen, sie müssen!

Ich höre schon die kritischen Stimmen, die da sagen: „Ja aber ich muss doch auch ...!" Ja, manchmal „muss" man, das stimmt, manchmal gibt es Dinge, die in dem Moment vielleicht nicht anders gehen. Doch bitte machen Sie sich zunächst einmal bewusst, dass fast alles, was Sie heute „müssen", aus Entscheidungen resultiert, die Sie in der Vergangenheit getroffen haben. Das Wort „muss" macht unheimlich viel Druck. Sie sind fremdbestimmt durch das „Müssen".

Sollten Sie auch zu der „Ständig-müssen-Fraktion" gehören, dann bekommen Sie von mir jetzt eine Aufgabe: Bitte streichen Sie ab sofort möglichst viele „Müssen" aus Ihrem Sprachgebrauch. Sie gehen zur Arbeit, Sie holen Ihr Kind ab, Sie gehen einkaufen, Sie kochen. Das Wort „müssen" ist hier überflüssig. Alternativ ersetzen Sie das Wort „müssen" durch das Wort „wollen", „möchten" oder „planen": Ich plane, heute um 8.00 Uhr zur Arbeit zu gehen, ich möchte meine Kinder um 16.00 Uhr aus der Betreuung abholen, ich will vor dem Dunkelwerden noch einkaufen gehen, ...

Das nimmt dem Ganzen den Druck.

Um auf das Thema des Buches zurückzukommen – Krankheiten, Schicksalsschläge etc.: Manchmal müssen wir tatsächlich Dinge tun, aber auch hier kommt es auf die Formulierung an.

Beispiel Medikamente: Sie müssen Ihre Medikamente nicht nehmen. Sie wollen Ihre Medikamente nehmen, damit Sie gesund werden. Dabei drängt sich mir gleich die Frage auf: Gibt es Alternativen zu Ihren Medikamenten? Vitamine, Mineralstoffe, Tees, homöopathische Mittel? Müssen Sie wirklich Medikamente nehmen? Doch das ist ein anderes Thema und führt zu weit vom eigentlichen Thema weg.

Thema Schicksalsschläge: Ich bin mit meiner Insolvenz bei Weitem kein Einzelfall. Im Gegenteil, je offener ich darüber spreche, desto mehr Menschen öffnen sich mir gegenüber und ich bin immer wieder erstaunt, wem es ebenfalls schon so erging oder ergeht. Der Umgang mit der Insolvenz ist jedoch unterschiedlich: Erfolgreiche Menschen finden Lösungen. „Opfer" bleiben im Jammertal.

Typische Opferaussagen während der Insolvenz sind zum Beispiel:

- Warum sollte ich (viel) arbeiten? Ich muss doch sowieso alles (!) an den Insolvenzverwalter abgeben (Kommentar: Niemand muss alles abgeben!)
- Ich kann ja nichts Großartiges machen, ich bin insolvent.
- Ich darf ja nur Summe xy behalten ...
- Alle anderen sind schuld!
- Wer nimmt mich schon, wenn ich insolvent bin.

Dem kann ich entgegnen: Zunächst einmal ist es ein Segen, dass es in Deutschland so etwas wie eine Insolvenz gibt! Nach spätestens sechs Jahren haben Sie die große Chance, schuldenfrei zu sein! Jeder macht mal Fehler! Ich habe falsche Entscheidungen getroffen – für die falschen Berater, die falschen Kunden und die falschen Mieter. Ich könnte nun auch allen anderen die Schuld geben, ich armes Opfer hatte ja so viel Pech. Gut, Glück hatte ich nicht mit meinen Entscheidungen, aber ich war diejenige, die die Entscheidungen getroffen hat. Hätte ich andere Entscheidungen für meine Geldanlage, für meine Immobilien und für oder gegen bestimmte Menschen getroffen, dann wäre vieles anders gelaufen. Doch genau ich bin dafür verantwortlich, dass es so gekommen ist, wie es gekommen ist.

Exkurs: Fremdbestimmt durch Insolvenz

An dieser Stelle möchte ich meine Meinung zu – bitte entschuldigen Sie hier meine massive Sprache – den Bullshit-Aussagen zum Thema Geld und Verdienst während der Insolvenz anbringen:

Erstens: Das Berufs-Leben geht auch nach der Insolvenz und den maximal sechs Jahren Wohlverhaltensphase weiter! Fachlich steige ich an dieser Stelle zum Thema Insolvenz und Wohlverhaltensphase nicht weiter ein, denn mir geht es um das Thema „Mind-Set".

Zweitens: Natürlich können Sie mehr als den Pfändungsfreibetrag verdienen! Geben Sie einfach mal „Pfändungstabelle" bei Google ein und lassen Sie sich überraschen, wie viel Sie trotz Insolvenz – abhängig vom Einkommen – behalten dürfen.

Drittens: Können Sie sich eine Selbstständigkeit vorstellen? Es gibt viele Möglichkeiten, auch ohne großen Eigenkapitaleinsatz und nebenberuflich eine Selbstständigkeit zu starten, zum Beispiel mit Empfehlungsmarketing oder Multi-Level-Marketing (was mehr oder weniger auf das Gleiche rauskommt). Vielleicht haben Sie auch eine andere Idee. Warum eine Selbständigkeit während der Insolvenz? Die Pfändungstabelle geht vom Nettoeinkommen aus. Wenn Sie selbstständig sind, können Sie viele Kosten direkt von Ihrem Bruttoeinkommen absetzen. Ich habe zum Beispiel mit meinem Pferd (später waren es sogar mehrere Pferde, da ich spannenderweise – Thema Mind-Set und was ziehe ich mir ins Leben? – einige Pferde geschenkt bekommen habe) während meiner Insolvenz pferdegestützte Trainings angeboten und sie für Reitunterricht verliehen. Sie wurden dann natürlich von anderen geritten und genutzt, aber ich konnte einen großen Teil der Kosten von der Steuer absetzen. So konnte ich meine Leidenschaft mit dem Beruf verbinden – trotz Insolvenz! Achtung: Die Gewinnerzielungsabsicht sollte immer im Vordergrund stehen! Selbstständig zu werden, nur um weniger Steuern oder weniger Geld an den Insolvenzverwalter zu zahlen, geht in der Regel nach hinten los. Und ganz ehrlich: Ich finde es auch nicht richtig, denn andere wurden ja gegebenenfalls auch durch Ihre Insolvenz finanziell geschädigt! Noch etwas Wichtiges: Das sollte unbedingt im Vorfeld mit dem Insolvenzverwalter besprochen werden. Sehen Sie ihn als Partner, nicht als Feind. Und damit komme ich zum nächsten Punkt:

<u>Viertens:</u> Ich empfehle, einen guten Draht zum Insolvenzverwalter aufzubauen. Verändern Sie auch hier Ihre Gedanken. Wie schon geschrieben: Er ist nicht Ihr Feind, sondern Ihr Partner während der Insolvenz-Phase. Er will Ihnen nichts Böses. Ich habe ihn immer meinen „Finanzmanager" genannt, das klang einfach netter als „Insolvenzverwalter".

Mir persönlich hat die Insolvenz viel Entspannung gebracht. Ich war endlich raus aus dem Überlebenskampf. Die ganzen gelben Briefe hatten ein Ende bzw. ich konnte diese Post einfach an den Insolvenzverwalter weitergeben. Durch die Zwangsversteigerung meiner Immobilien war zum Glück schon ein großer Teil meiner Schulden gedeckt (sie betrugen mehrere Hunderttausend Euro, weil alle meine Immobilien zu mindestens 50 % finanziert waren). Es blieb nach den Zwangsversteigerungen dennoch ein sechsstelliger Betrag an Schulden übrig, da hier häufig nicht der Preis für die Immobilie erzielt wird wie am freien Markt.

Mein Tipp: Sprechen Sie immer offen und ehrlich mit Ihrem Insolvenzverwalter und treffen Sie Vereinbarungen. Ich habe beispielsweise mehr gezahlt, als ich musste. Warum? Wir haben einen „Deal" gemacht: Ich war optimistisch, wieder schnell viel Geld verdienen zu können. Zum Zeitpunkt, als noch nicht klar war, wie viel ich mit meinen verschiedenen Projekten verdienen würde, habe ich mich mit meinem Insolvenzverwalter auf einen festen monatlichen Betrag geeinigt. Erst wenn ich eine bestimmte Schwelle (eine sehr hohe Schwelle) überschritten hätte, dann hätte er aus seiner Berufspflicht heraus (und zum Schutz der Gläubiger) mit mir nachverhandeln müssen. Ich hatte durch diesen Deal ein sehr ruhiges Leben, was die Kontrolle durch den Insolvenzverwalter anging. Ich musste ihm lediglich alle drei Monate meine Zahlen zusenden.

Unter dem Strich habe ich viel mehr gezahlt, als ich hätte zahlen müssen. Doch es hätte auch genau umgekehrt sein können. Hätte ich schneller wieder viel Geld verdient, dann hätte der Insolvenzverwalter „die schlechteren Karten" (finanziell gesehen) gehabt. Das war der Deal. Es hatte jedoch einen Zusatzeffekt, auf den ich heute besonders stolz bin: Ich bin heute komplett schuldenfrei. Es ist alles bezahlt.

<u>Fünftens:</u> Nutzen Sie die Insolvenzzeit für sich! Wenn Sie vorher „Vollgas" gegeben haben, dann entspannen Sie etwas. Auch, wenn ich mich jetzt etwas mit den oberen Punkten wiederspreche: Sie können ohnehin kein Vermögen während der Insolvenzzeit erarbeiten. Nutzen Sie deswegen die Zeit für Ihre persönliche Weiterentwicklung. Ich habe vor der Insolvenz 60 bis 80 Stunden die Woche gearbeitet. Das mache ich seit der Insolvenz nicht mehr. Ich genieße mein Leben. Ich mache nicht mehr alles vom Geld und Erfolg abhängig. Sie können während der Insolvenzzeit ein vernünftiges Einkommen verdienen – so, dass optimalerweise sowohl Sie als auch der Insolvenzverwalter zufrieden sind. Da es in dieser Zeit jedoch schwierig ist, wirkliche Vermögenswerte aufzubauen, investieren Sie in sich und Ihre Gesundheit. Ich bin in dieser Zeit gesund geworden. Ich achte heute auf gute Ernährung und ausreichend Schlaf. Dadurch bin ich viel leistungsfähiger geworden und schaffe in weniger als der Hälfte der Zeit viel mehr von dem, was wichtig ist!

Wie sehr lassen Sie sich durch bestimmte Umstände oder durch andere Menschen fremdbestimmen? Die Fremdbestimmung kann auf unterschiedlichsten Ebenen und aufgrund unterschiedlichster Voraussetzungen vorhanden sein.

Beispiele: Üben Sie den Beruf aus, den Sie wirklich gerne ausüben wollen, oder wurde bzw. wird das „fremd-bestimmt", beispielsweise aufgrund der Wünsche von Eltern oder des Partners, aus einem vermeintlichen Sicherheitsbedürfnis heraus, wegen der Kinder oder wegen einer Tradition, wegen eines entsprechend hohen Einkommens oder weil es nach der Ausbildung einfach immer in die Richtung weiterging?

Wohnen Sie so, wie Sie wirklich wohnen wollen (von der Region her, vom Umfeld her, von der Art und Weise, wie Sie wohnen etc.)? Natürlich hat auch das etwas mit dem Thema Geld zu tun. Wenn Sie jedoch mit Ihrer Wohnsituation unzufrieden sind, welche Möglichkeiten hätten Sie noch im Rahmen Ihrer vorhandenen finanziellen Mittel? Auch hier müssen wir manchmal vom Denken her Grenzen überwinden. Vieles ist möglich, wenn wir uns alternativen Lösungen öffnen. Wenn ich mir beispielsweise allein kein großes Haus leisten kann, aber gerne in einem großen Haus wohnen möchte, könnte ich mich mit mehreren Personen zusammentun. Raus aus der „Normalitätsdenke", rein ins „Out-of-the-box-Thinking".

Leben Sie in einer Partnerschaft, in der Sie unglücklich sind? Warum trennen Sie sich nicht? Sie werden Ihre Gründe haben ... Wie wäre es denn, wenn Sie einfach mal alle Möglichkeiten gedanklich durchspielten? Wie könnte eine Trennung vollzogen werden? Welche Lösungen gäbe es zum Beispiel für Kinder oder Finanzen? Alternativ: Was können Sie tun, um Ihrer Partnerschaft wieder mehr Qualität zu verleihen? Sind Sie und Ihr Partner/Ihre Partnerin bereit, gemeinsam daran zu arbeiten? Wie glücklich fühlen Sie sich mit dem einen oder dem anderen Gedanken?

Wie viel Fernsehen schauen Sie? Und vor allem: Welche Qualität haben die Sendungen, die Sie sich anschauen? Es gibt durchaus interessante, weiterbildende und intelligenzfördernde Sendungen. Allerdings gibt es auch jede Menge „Zeit-Schredder-Sendungen". Kennen Sie Menschen, die nach einem langen Arbeitstag (vielleicht sogar in einem ungeliebten Job) nach Hause kommen und sich dann nach oder vielleicht schon beim Abendessen vor den Fernseher setzen, um sich das Leben von anderen Menschen anzusehen? Statt ihr eigenes Leben zu leben, fühlen sie mit den Menschen im TV – egal, ob es ein Film, eine Casting-Show, eine Doku-Soap oder was auch immer für eine Sendung ist. Sie identifizieren sich mit einer Person oder freuen sich darüber, dass es ihnen selbst besser geht. Manchmal werden auch Träume für ein besseres Leben geweckt – nur an der Umsetzung wird es scheitern, wenn das Leben in der Freizeit hauptsächlich vor dem Fernseher (oder alternativ YouTube oder sonstigen Medien) stattfindet.

Wie oft gönnen Sie sich Zeit für sich selbst? Ich nenne es gerne „Ich-Zeit". Zeit für Dinge, die Ihnen Spaß machen, Zeit für Sport, Ruhe, Entspannung, Meditationen, Genießen oder was auch immer. Sind Sie auch mal allein? Das ist meines Erachtens immens wichtig, um zu erkennen, was uns selbst ausmacht und was für uns selbst wichtig ist. Aus meinem mangelnden Selbstwertgefühl heraus habe ich früher jede freie Minute mit anderen Menschen verbracht – Kunden, Kollegen, Familie, Freunden ... Ich brauchte das einfach, um mich selbst anerkannt und wertvoll zu fühlen. Leider hatte ich dabei verlernt, mich selbst zu fühlen und mir meiner Selbst bewusst zu werden. Ich-Zeit ist ein hohes Gut, damit Sie sich selbst erkennen und wirklich kennenlernen. Nur, wenn Sie wissen, was Sie wirklich glücklich macht und was Sie wirklich wollen, können Sie wahre und glücklich machende Entscheidungen für sich und Ihr Leben treffen – und zwar eigene Entscheidungen und nicht das, was aus Sicht der anderen gut für Sie wäre.

Wenn Sie sich Ihres Selbst bewusst werden, fangen Sie an, Ihr eigenes, selbstbestimmtes Leben zu leben. Die Entscheidungen, die Sie dann treffen, sind bewusst – egal, in welche Richtung die Entscheidung ausfällt, ob ein Wechsel oder eine Veränderung stattfindet oder nicht. Durch die bewusste Entscheidung für oder gegen etwas und das Bewusstsein, dass jede Entscheidung ihren Preis hat, werden Sie ein selbstbestimmtes, selbstbewusstes Leben führen.

4.2 Raus aus dem Jammertal!

Opfer oder Gewinner?
Chancenfinder oder Misserfolgsdetektiv?
Zufriedenheitssucher oder Unzufriedenheitsfinder?

Es ist alles eine Sache der Betrachtungsweise. Sie haben jetzt schon viel über das Thema der inneren Einstellung gelesen. Eines möchte ich jedoch an dieser Stelle noch anmerken: Wenn Sie in einer akuten Krise sind, dann dürfen Sie negative Gefühle durchaus zulassen. Das ist wichtig! Denn wir leben in einer Welt der Polarität. Trauern gehört genauso zum Leben wie Glücklichsein. Das Verdrängen von Gefühlen macht genauso unglücklich wie das wochen- oder monatelange Verharren darin.

Krampfhaftes positives Denken führt meines Erachtens zur Gefühllosigkeit. Wir verdrängen dann den Teil von uns, der raus möchte. Manchmal passieren einfach Dinge, die wir so richtig blöd finden, und das dürfen wir dann auch so empfinden. Wir dürfen wütend, traurig, enttäuscht oder was auch immer sein. Wichtig ist aber, aus diesem Gefühl – möglichst zeitnah – wieder herauszukommen. Dieses Gefühl zu durchleben ist wichtig – zur Verarbeitung der Dinge und auch, um anschließend irgendwann wieder Freude empfinden zu können.

Ich vergleiche das gerne mit einer Wippe. Wenn wir beide Seiten kennen, können wir beide Seiten in der vollen Höhe und Tiefe erleben. Wenn ich das Gewicht auf die eine Seite der Wippe lege, dann kann die andere Seite hochgehen und umgekehrt. Ein Wippen in vollem Ausschlag ist nur möglich, wenn ich zulasse, dass mal auf der einen und mal auf der anderen Seite mehr Gewicht ist. Schwung und Bewegung gehören zu einem erfüllten Leben dazu.

Wenn wir ohne Gegengewicht auf der Wippe sitzen wollen, dann müssen wir immer weiter in die Mitte der Wippe rutschen. Dann erleben wir die eine Seite (im Tief) zwar nicht mehr, aber auch nicht mehr das absolute Hoch der anderen Seite. Anders ausgedrückt: Wenn Sie für sich beschließen, keine negativen Gefühle mehr zuzulassen, dann ist Glück, das Sie erreichen können, nicht mehr „himmelhochjauchzend", sondern eben nur „mittelmäßig". Negative Gefühle gehören zum menschlichen Leben dazu, so wie es Tag und Nacht gibt oder Hitze und Kälte.

Die Frage ist nur: Was ist dominant bei Ihnen? Wie sehr werden Sie von negativen Gefühlen beeinflusst? Wie lange bleiben Sie in einer negativen Emotion haften? Das Durchleben der Emotion ist wichtig. Noch wichtiger ist es, möglichst schnell wieder herauszukommen und die positiven Dinge des Lebens zu sehen, auf der Wippe nach oben zu schwingen.

Es gibt Menschen, die bleiben viel lieber in einer negativen oder traurigen Stimmung. Oft geben diese Menschen dann auch die Verantwortung für ihr Leben ab. Warum? Weil Menschen, denen es nicht gutgeht, oft Aufmerksamkeit und Trost von anderen bekommen. Das wird dann schnell mit Zuneigung und Liebe verwechselt.

Exkurs: Wie viel positives Denken ist gesund?

Eines ist unumstritten: Menschen mit einer positiven Grundhaltung sind glücklicher als Menschen, die ihren Fokus auf das Negative richten. Doch es gibt einen Unterschied zwischen positiver Grundhaltung und einem „krampfhaft positiven Denken": Menschen mit einer positiven Grundhaltung schauen optimistisch in die Zukunft und vertrauen darauf, dass die Dinge einen Sinn haben, auch, wenn sie ihn noch nicht verstehen. Keiner von uns ist vor negativen Einflüssen geschützt. Doch die Frage ist: Wie gehen wir damit um? Sehen wir es als Lernaufgabe? Oder sehen wir uns als Opfer der Umstände?

Eine positive Grundhaltung bewirkt, dass wir TROTZ negativer Einflüsse unseren Blick auf das Gute haben. „Krampfhaftes" positives Denken verdrängt das Negative. Doch damit wird auch ein Teil unserer Gefühle verdrängt.

positive Grundhaltung	„krampfhaftes" positives Denken
Akzeptanz, dass Dinge passieren bzw. passiert sind	keine echte Akzeptanz, sondern ein „Einreden", dass es so sein muss
Gefühle werden zugelassen.	Negative Gefühle werden sofort verdrängt.
Schnelles Wieder-Herauskommen aus den negativen Gefühlen. Umdenken. Blick auf die positiven Dinge, die trotz des negativen Erlebnisses da sind.	Da die Gefühle verdrängt wurden, arbeiten sie im Unterbewusstsein weiter und manifestieren sich im schlimmsten Fall auf körperlicher Ebene durch Krankheiten.
Negative Erlebnisse werden als Lernaufgabe gesehen. *	Negative Erlebnisse werden uminterpretiert. *
Sinnsuche: Warum ist es passiert? Was wollte mir das Erlebnis sagen? Was kann ich für die Zukunft lernen? **	Schönreden der negativen Sache („Eigentlich ist es total toll, dass es passiert ist ...") **
Bewusstsein darüber, dass uns jedes Erlebnis von heute zu dem wunderbaren Menschen von morgen macht.	Stehenbleiben auf dem aktuellen Stand, da keine Lernaufgabe gesehen wird.

*Beispiel: Ihnen kippt ein Glas Rotwein um. Lernaufgabe: Vielleicht sollten Sie weniger trinken. Vielleicht ist es ein Hinweis darauf, bewusster mit dem Thema Alkohol umzugehen. Schönreden: Ich wollte den Fußboden sowieso endlich mal wieder wischen. Gut, dass es passiert ist.

**Beispiel: schwerer Unfall. Sinnsuche: Welche Auswirkungen hat das auf mein Leben? Warum wurde ich ausgebremst? Sollte ich etwas Grundsätzliches verändern?
Schönreden: Jetzt habe ich endlich Zeit, mich auszuruhen, und kann anschließend wieder mit voller Kraft durchstarten (ich mache weiter wie bisher).

Der sekundäre Krankheitsgewinn

Kennen Sie den Begriff „sekundärer Krankheitsgewinn"? Das bedeutet, dass gewisse Krankheiten auch Vorteile bringen.

So muss zum Beispiel jemand mit einer Pollenallergie vielleicht zu Hause keinen Rasen mähen. Das wird dann von anderen Familienmitgliedern übernommen. Wenn diese Person gleichzeitig (insgeheim) ganz glücklich darüber ist, keinen Rasen mähen zu müssen, bringt die Allergie für ihn hier einen Vorteil. Da ihm die Allergie einen Vorteil bringt, signalisiert es dem Unterbewusstsein: „Bloß nicht gesund werden, sonst muss ich noch Rasen mähen."

Anderes Beispiel: Wenn eine Person durch eine Berufsunfähigkeit nicht mehr arbeiten kann und insgeheim sogar glücklich darüber ist, dann hat die auslösende Krankheit einen entsprechenden Vorteil für diese Person. Auch hier kann das so weit gehen, dass diese Person (vielleicht auch unbewusst) gar nicht gesund werden will.

Ähnlich ist es mit Krisen, Trauer oder anderen schwierigen Situationen: Wenn die betroffene Person froh über die Aufmerksamkeit der anderen Personen ist, dann ist es oft leichter und angenehmer, in einer Opfer-Situation zu bleiben, als Verantwortung zu übernehmen und aktiv aus dem Jammertal herauszukommen.

Das „Los" der glücklichen und zufriedenen Menschen ist oft, dass sie von anderen zu hören bekommen: „Na, du hast ja gut reden. Bei dir läuft ja alles!" Oder noch schlimmer: Wenn es einer – im Grunde genommen glücklichen, starken – Person auch mal schlecht geht (denn das Leben ist leider nicht immer und überall nur positiv, jedem passiert mal irgendwann irgendetwas), dann kommen schnell so Sätze wie: „Du schaffst das schon! Wenn nicht du, wer dann?" Bei mir war dann oft der „Trotzgedanke": „Das weiß ich selbst, dass ich es schaffe! Darum geht es nicht!" Menschen, die ihr Leben selbstverantwortlich und mit Stärke leben, müssen meistens aktiv nach Unterstützung fragen, wenn sie welche benötigen. Die anderen merken überhaupt nicht (oder denken nicht daran), dass auch diese Hilfe brauchen.

Niemand ist nur „stark"

Heute weiß ich, dass ich auch mal aktiv um Hilfe bitten muss. In meinen Krisenzeiten wirkte ich auf andere immer noch stark, war aber innerlich so schwach. Ich habe mir damals so manches Mal gewünscht, einfach nur mal in den Arm genommen zu werden ... ohne große Worte! Auch „starken" Menschen tut es manchmal gut, Momente der Schwäche zuzulassen. Das hat dann nichts mit Opferhaltung zu tun, sondern einfach nur mit dem Bedürfnis nach menschlicher Zuneigung bzw. nach dem Verständnis der anderen, dass auch starke Menschen und Kämpfer mal eine Auszeit brauchen und Momente der Schwäche zulassen wollen. Menschen in Opferhaltungen bekommen oft automatisch und ohne zu fragen das Mitgefühl, Hilfe und Verständnis von anderen ...

Auch hier bestätigt sich wieder: Wir leben in einer Welt der Polarität. Stärke kann nur funktionieren, wenn auch Schwäche zugelassen wird. Stärke ohne zuzugeben, dass es auch Schwäche bzw. schwache Momente gibt, ist meines Erachtens der Weg zur Sturheit, Abgestumpftheit oder alternativ der Weg in den Burn-out. Vielleicht liege ich Ihres Erachtens völlig falsch, aber ich bin der festen Überzeugung, dass das Zugeben von Schwäche in bestimmten Momenten oder bei bestimmten Vorfällen in Wirklichkeit wahre Stärke zeigt.

Menschen, die innerlich stark sind und deswegen Schwäche zugeben und zeigen können, haben keine Angst davor, was andere Menschen in dem Moment über sie denken werden. Nur wer weiß, wie sich Schwäche anfühlt, kann wahrlich stark sein.

Menschen, die von sich behaupten, dass sie immer stark sind, machen sich selbst etwas vor. Sie belügen entweder sich selbst (ohne es vielleicht zu merken) und/oder andere, wenn sie ihre Schwäche nicht zugeben können oder wollen.

Verstehen Sie mich bitte nicht falsch. Es hängt natürlich auch von der Situation und dem Umfeld ab. Im Berufsleben gelten noch einmal ganz andere Regeln. Eine Führungskraft, die vor den Mitarbeitern in Tränen ausbricht, weil zum Beispiel ein großer Deal geplatzt ist, ist wenig zielführend (übertriebenes Beispiel, aber ich denke, Sie wissen, was ich meine). In bestimmten Situationen und Rollen wird von uns einfach Stärke erwartet. Genauso wenig zielführend ist es, dass eine Mutter anfängt, vor ihrem Kind zu weinen, weil es vielleicht eine Sechs mit nach Hause gebracht hat. Auch das ist ein übertriebenes Beispiel und es wird immer Situationen geben, wo wir Trauer und Betroffenheit in bestimmten Rollen und Situationen zeigen dürfen (und es auch sinnvoll ist), aber bitte alles in angemessenem Maße.

Doch eines ist wichtig, und weil es so wichtig ist, wiederhole ich es an dieser Stelle:

Lassen Sie die traurigen, wütenden oder sonstigen negativen Gefühle zu, aber lassen Sie diese Gefühle nicht Macht über Sie ergreifen! Die positiven Gefühle sollten überwiegen und nach kurzem Durchleben der anderen Gefühle wieder Oberhand bekommen. Raus aus dem Jammertal! Rein in ein glückliches, erfülltes Leben in Fülle – gefühlsmäßig positive Fülle, innere Fülle und äußere Fülle!

4.3 In den Flow kommen

Was bedeutet das überhaupt, in den „Flow" zu kommen? Wann bin ich im Flow, wie fühlt es sich an? Das ist natürlich sehr individuell. Für mich lässt sich der Flow am besten mit „Leichtigkeit" und „Freude" beschreiben. Das bedeutet nicht, dass der Weg immer ein leichter ist, doch insgesamt überwiegen Leichtigkeit und Freude. Dinge passieren und Dinge fügen sich. Es kommen die richtigen Menschen im richtigen Augenblick. Es geht immer irgendwie weiter, vorhandene Hindernisse lösen sich auf. Es fügt sich irgendwie. Es kann auch mal anstrengend sein, aber es ist nicht kraftraubend, wenn wir im Flow sind. Kraftraubend ist es nur, wenn der Flow fehlt.

Beispiel aus dem Berufsleben: Wenn Sie am Ende des Tages zufrieden und sogar glücklich sind, dann ist es ein Anzeichen von Flow. Sie sind vielleicht erschöpft und müde vom Tag, aber es fühlt sich dennoch erfüllend an. Sie freuen sich sogar auf den nächsten Tag und die anstehenden Aufgaben. Wenn Menschen nicht im Flow sind, fühlt sich die Erschöpfung anders an, dann sind sie ausgelaugt, kraftlos, energielos, lustlos. Der Gedanke an den nächsten Tag lässt sie erschaudern. Sie wünschen sich das Wochenende oder den nächsten Urlaub sehnlichst herbei. Die Gedanken kreisen um die Aufgaben, immer begleitet von Bauchgrummeln, Kopfschmerzen, akuter Antriebslosigkeit.

Doch wie können wir in den Flow kommen?

Wenn wir nie oder nur sehr selten im Flow sind, müssen wir etwas an unserem Leben verändern. Das heißt, wir müssen zunächst Entscheidungen treffen, damit die Veränderungen angestoßen werden. Erinnern Sie sich? „Ändere die Situation oder deine Meinung dazu!" Das ist dann die erste Entscheidung. Als Nächstes folgt die Entscheidung, wie es in der Zukunft weitergehen soll.

Um dann in den Flow zu kommen, müssen wir noch drei weitere entscheidende Schritte gehen:
- Loslassen
- Weglassen
- Zulassen

Loslassen

Manchmal hindert uns das Festhalten an Umständen, Situationen oder materiellen Dingen daran, unser wahres Glück zu finden. Ein paar Beispiele hierzu:

- *Je mehr ich an einem vermeintlich sicheren Job festhalte, desto weniger habe ich die Zeit und den Raum, mich mit einer anderen Berufstätigkeit selbst zu verwirklichen.*
- *Je mehr ich an einer vermeintlich guten Wohnsituation festhalte (zum Beispiel das große Haus / die große Wohnung / eine bestimmte Umgebung), desto mehr binde ich mich, zum Beispiel finanziell.*
- *Je mehr Geld ich für meine Wohnsituation ausgebe, desto weniger habe ich zur Verfügung, um zum Beispiel zu reisen, eine gewünschte Weiterbildung zu machen oder eine Selbstständigkeit zu starten.*

Wie wäre es hier mit einem Umdenken? Können Sie sich beispielsweise vorstellen, sich für einige Zeit eine kleinere Wohnung oder vielleicht nur ein Zimmer zu nehmen? Das kann sehr viel Freiheit in anderen Bereichen bringen. Wenn hier ein klares „Nein" kommt, dann ist es auch okay, aber denken Sie daran, dass Sie sich bewusst *für* die Wohnung und *gegen* die anderen Dinge entschieden haben. Vielleicht ist auch gar nicht Geld das Problem, sondern Ihr Status, andere Menschen oder Sonstiges.

Wer loslässt, hat die Hände frei für Neues!

Manchmal verlieren wir auch etwas: unseren Job, Menschen, Tiere, Materielles. Trauern ist erlaubt, doch bitte fangen Sie nach der Zeit der Trauer an, wieder das Positive im Leben zu sehen! Die meisten Menschen müssen während Ihres Lebens unglaublich viel loslassen. Loslassen gehört zum Leben dazu! Festhalten macht meistens unglücklich.

Auch hierzu ein Beispiel: Viele halten krampfhaft an einer Beziehung fest, nur, um nicht allein zu sein. Das macht nur in den wenigsten Fällen glücklich (ich behaupte sogar, es macht unglücklich!). Natürlich ist es vielleicht erst einmal schwierig, allein zu sein. Doch mit dem Loslassen ermöglichen Sie sich selbst die Chance, dass Neues in Ihr Leben treten kann.

Wer frei ist, kann besser empfangen und ist offener für die Chancen im Leben.

Manchmal wollen wir Dinge auch viel zu sehr, so sehr, dass wir die kleinen Zeichen am Rande übersehen. Wir gehen über alle Hindernisse hinweg. Wir wollen etwas unbedingt, und sei es noch so anstrengend. Es muss doch irgendwie funktionieren. Hier mein Tipp: Wenn etwas nach mehrmaligem Anlauf nicht funktioniert, dann gehen Sie gedanklich (oder auch in der Realität) einen Schritt zurück. Lassen Sie es zunächst einmal los. Vielleicht ist es nicht der richtige Zeitpunkt, nicht der richtige Ort, oder vielleicht sind noch nicht die richtigen Personen in Ihrem Leben. Manchmal sind wir zu sehr mit unserer eigenen Lösung beschäftigt (die wir uns ausgedacht haben) und werden dadurch blind für andere Lösungen – die wir aber sehen können, wenn wir innehalten und erst einmal unsere Lösung loslassen.

Es fängt im Kleinen an. Nehmen wir an, Sie möchten eine Bahnfahrt oder eine Flugreise buchen und werden ständig daran gehindert, sei es, weil Sie während der Buchung durch andere Personen oder durch das Telefon gestört werden oder weil das Internet mitten in der Buchung ausfällt. Früher hat mich so was fürchterlich aufgeregt. Heute sage ich mir: „Es wird schon seinen Grund haben. Ich kenne ihn zwar (noch) nicht und ich weiß auch nicht, wer oder was meine Buchung gerade ‚verhindert', aber wenn es nach dem dritten Anlauf nicht funktioniert, lasse ich los." Manchmal erfahren Sie dann später, warum es nicht funktioniert hat – vielleicht erhalten Sie plötzlich ein besseres Angebot oder einen anderen Auftrag. Vielleicht passiert etwas, das Ihre Anwesenheit woanders erfordert. Oder Sie werden auf diese Weise vor einem Unfall geschützt oder davor, in etwas anderes verwickelt zu werden. Manchmal ist der Grund ganz banal – vielleicht sind eine Stunde später einfach die Preise günstiger. Ich lasse inzwischen sehr viel schneller als früher Dinge oder Pläne los, wenn ich merke, dass ich zu viele Hindernisse im Weg habe oder es einfach nicht funktionieren will. Mir ist klar, dass das jetzt für den einen oder anderen ein sehr „spiritueller" Ansatz ist, für mich ist es aber die Wahrheit, und es funktioniert.

Zwei Beispiele hierfür möchte ich noch aus meinem Leben bringen:

Vor einigen Jahren wollte ich einen langjährigen Auftraggeber wieder kontaktieren. Wir hatten mehr als zwei Jahre lang keinen Kontakt (es war zu der Zeit, wo ich in der akuten Insolvenz- und Burn-out-Phase war). Irgendwie war es mir unangenehm, nach mehr als zwei Jahren wieder anzukommen, vor allem, weil der Kontakt schleichend eingeschlafen war. Ich hatte seinerzeit die Auftragsanfragen ohne Begründung einfach abgelehnt oder manchmal sogar vergessen, auf Anfragen zu antworten. Das ist übrigens während der Burn-out-Phase total normal, wie ich inzwischen weiß. Ich war einfach kraftlos, energielos, antriebslos und völlig überfordert. Dass ich Dinge vergessen habe, war keine böse Absicht und auch nicht gewollt. Aber mein Gehirn funktionierte irgendwie nur im Notbetrieb. Mir war das seinerzeit sehr peinlich und unangenehm. Ich wollte sehr gerne wieder mit diesem Auftraggeber zusammenarbeiten. Ich schrieb also eine lange Mail, in der ich mich rechtfertigte und erklärte. Doch diese Mail ging und ging nicht raus. Die Mailadresse war richtig. Auch sonst konnte ich keine Fehlermeldung erkennen. Dennoch: Jedes Mal, wenn ich auf „Senden" drückte, funktionierte es nicht. Nach ein paar Versuchen ließ ich los und dachte mir: „Ich probiere es einfach später wieder." Heute würde ich mir gleich sagen: „Das soll wohl nicht sein. Ich weiß zwar nicht warum, aber ich lösche diese Mail jetzt einfach." Ein paar Stunden später passierte das „Wunder"! Ich erhielt genau von der Person, der ich schreiben wollte, eine Mail mit dem Betreff: „Auftragsanfrage nach sehr sehr langer Zeit". Ich wollte meinen Augen nicht trauen! Was passiert ist, kann ich nicht erklären. Fakt ist: Diese Person hat meine Mail nie erhalten. Ein weiterer Fakt ist: Das war auch gut so! Ich hatte mich in dieser Mail viel zu oft entschuldigt und viel zu sehr gerechtfertigt. Damit hätte ich mich viel kleiner gemacht, als ich bin. War hier Telepathie im Spiel? Waren es irgendwelche Energien, die mich davor schützten, diese Mail zu versenden? Ich kann es Ihnen nicht beantworten. Doch seit diesem Erlebnis lasse ich Dinge nach zwei bis drei gescheiterten Versuchen los. Und irgendwie regelt es sich immer – in irgendeiner Weise.

Ein anderes Erlebnis hatte ich im Herbst 2017. Ich hatte einige Jahre zusammen mit meinem Mann einen eigenen kleinen Weidebetrieb mit mehreren Pferden – als Hobby nebenbei und als Grundlage für meine Kurse zum pferdegestützten Training. Nach der Trennung wollten wir diesen Betrieb gemeinsam weiterführen, doch es war eine absolute Katastrophe: Absprachen klappten nicht, es gab Probleme an allen Ecken und Enden. Schweren Herzens entschied ich mich, alles aufzugeben – die Weiden, die Pferde, alles, was damit zusammenhing. Ich hatte selbst eine Lösung im Kopf, wie das gehen könnte. Ich wollte die Weiden und meine fünf Pferde einfach im Ganzen an eine Nachfolgerin oder einen Nachfolger abgeben und dann mit der dieser Person kooperieren, so dass ich meine pferdegestützten Trainings weiter anbieten konnte.

Einige Interessenten gab es tatsächlich, doch eine Einigung über alle Modalitäten kam nie zustande. Irgendwann sagte ich mir: „Es soll wohl (noch) nicht sein. Ich lasse es erst mal los und mache weiter wie bisher."

Die Lösung kam ein halbes Jahr später. Ich suchte zu dem Zeitpunkt neue Einsteller (Einsteller = Personen, die ihr Pferd gegen Bezahlung in einem Stall oder auf einer Weide unterbringen). Eine Interessentin ließ im Nebensatz verlauten, dass sie für ihre drei Pferde eher eine eigene Weide suche und das Thema Einstellung auf einer fremden Weide nur eine Notlösung sei. Ihr sei der Pachtvertrag der Weiden, die sie nutzte, aufgrund von Eigenbedarf gekündigt worden. Da war sie – die Person, die Weiden suchte und bereit war, alle meine Weiden zu übernehmen. Ein paar Tage später bot sich mir die Möglichkeit, meine Pferde nach Mallorca zu bringen. Ich verbringe sehr viel Zeit auf dieser wunderbaren Insel, es ist meine zweite Heimat. An die Möglichkeit, dass meine Pferde auf Mallorca wohnen könnten, hatte ich vorher noch gar nicht gedacht. Und es passierte noch etwas Wunderbares: Noch am selben Tag rief mich eine Dame an, ob ich Lust hätte, bei ihr und mit ihren Pferden das pferdegestützte Training anzubieten. Plötzlich war die Lösung auf allen Ebenen da! Ich gab meine Weide ab, meine Pferde leben seit 2018 auf Mallorca und die Trainings gebe ich nun sowohl auf Mallorca als auch in Deutschland. Da wusste ich, warum es im Herbst 2017 noch nicht hatte sein sollen: Die perfekte Lösung war noch nicht da.

Loslassen – eine Grundübung, um in den Flow zu kommen, denn oft halten wir viel zu lange Dinge oder Situationen fest, die uns dann für andere Sachen blockieren. Loslassen macht frei!

Weglassen

Ähnlich wichtig wie das Loslassen ist das Weglassen.

Worauf können Sie in Ihrem Leben verzichten, um vielleicht Platz für Neues zu schaffen? Je verstopfter unser Leben ist, desto weniger kann sich verändern. Zum Weglassen gehört auch das Weglassen schlechter Angewohnheiten oder der Dinge, die wir (im privaten Bereich) nur aus einem Pflichtgefühl heraus tun.

Was können Sie weglassen? Suchtmittel? Schlechte Angewohnheiten? Wie oft treffen Sie sich beispielsweise mit Menschen, nur aus einem Pflichtgefühl heraus? Wie viel Zeit verbringen Sie mit Dingen oder Menschen, die Ihnen nicht guttun? Was wollen Sie zukünftig weglassen?

Für alles, was Sie weglassen, kann etwas Neues, vielleicht Großartiges in Ihr Leben treten. Dazu gehört natürlich, dass Sie dieses Neue, vielleicht Ungewohnte auch zulassen. Wie offen sind Sie überhaupt für Neues?

Was habe ich weggelassen?

Ich habe früher oft das Gefühl gehabt, ich müsse es jedem recht machen. Ich müsse mich hier melden und dort melden, für jeden irgendwie Zeit erübrigen. Dahinter steckte die Angst, dass andere sauer auf mich sein könnten, wenn ich mich lange nicht melde oder keine Zeit für sie habe.

Auch wollte ich jede Feier, jedes Netzwerktreffen, jede Veranstaltung mitmachen – aus Angst, etwas zu verpassen. Manchmal habe ich an einem Abend sogar mehreren Dingen zugesagt – mit dem Erfolg, dass ich es nirgendwo wirklich genießen konnte: Bei der ersten Verabredung oder Veranstaltung schaute ich auf die Uhr, bei der zweiten war ich schon k.o. und müde. Dadurch, dass ich es jedem recht machen und nichts verpassen wollte, habe ich mich selbst unter Stress gesetzt.

Seit mehreren Jahren horche ich sehr genau in mich hinein. Was möchte ich? Was tut mir gut? Ich sage durchaus auch mal Dinge kurzfristig ab, wenn ich merke, dass es mir zu viel wird. Wenn ich schon müde oder lustlos irgendwo hingehe, hat weder der Gastgeber / die Verabredung etwas davon noch ich. Das wäre für mich damals undenkbar gewesen, da ich unbedingt als absolut zuverlässig gelten wollte.

Als zuverlässig gelte ich heute immer noch – auch, wenn ich mal etwas absage. Wichtig ist die Ehrlichkeit dabei. Ich nenne dann stets den wahren Grund. Wobei – dadurch, dass ich mir schon im Vorfeld genau überlege, ob ich hierhin oder dahin möchte, kommt es inzwischen ausgesprochen selten vor, dass ich etwas absage. Da ich in der Regel ausgeschlafen und fit bin, freue ich mich auch auf das, was ich mir vorgenommen habe.

Unsere Zeit ist wertvoll. Wir sollten sehr genau schauen, mit wem wir diese wertvolle Zeit verbringen. Ich habe mich zum Beispiel von Menschen getrennt, die in einer Tour andere bewerten bzw. abwerten oder die ständig nur über Schlechtes/Schlimmes/Böses oder über Krankheiten erzählen.

Menschen, die andere Menschen gerne abwerten, tun das häufig aus einer eigenen Unzufriedenheit heraus – entweder, weil sie durch das Abwerten von anderen Menschen ihren eigenen Wert aufwerten oder weil sie Angst davor haben, bei ihrer eigenen Unzufriedenheit genau hinzuschauen. Veränderungen erfordern manchmal Mut – den Mut hinzuschauen, diese Unzufriedenheit zu erkennen, und den Mut, tatsächlich Entscheidungen in Richtung Veränderung zu treffen.

Diese Menschen sorgen leider oft dafür, dass wir uns nach einem Treffen mit ihnen nicht gut fühlen. Vielleicht schaffen Sie es, ein Umdenken bei diesen Menschen anzustoßen. Doch wenn Sie in Gegenwart dieser Menschen stets negative Gefühle und Emotionen empfinden, empfehle ich, auf Abstand zu gehen. Das ist natürlich umso schwerer, je näher uns dieser Mensch ist.

Wenn wir uns nicht trennen können oder wollen (weil es zum Beispiel unser Kind, unser Partner oder unsere Eltern sind), helfen Sie dieser Person, ihren Blickwinkel zu verändern hin in ein zufriedeneres Leben.

Durch das Weglassen habe ich mir mein Leben vereinfacht. Weglassen von Bewertungen, Weglassen von Dingen, die mir nicht guttun, Weglassen bestimmter Konsumprodukte.

Apropos Konsumprodukte: Wie viel Schokolade, Alkohol, Zigaretten, Chips, Fastfood etc. tut uns gut? Manchmal ist es einfach lecker und ist Balsam für die Psyche. Doch wenn wir zu viel davon zu uns nehmen, dann ist es ausgesprochen gesundheitsschädlich. Weglassen hilft, um gesünder zu leben.

Auch das Weglassen von bestimmten Medien kann uns ausgesprochen guttun. Wenn wir zwischendurch das Handy, den Laptop, das Tablet, bestimmte Fernsehsendungen etc. weglassen, haben wir Zeit für uns selbst – für Erholung, Spaziergänge im Grünen oder andere Dinge, mit denen wir uns Gutes tun.

Auch das „Jammern" sollten wir einfach mal weglassen. Doch dazu haben Sie in den bisherigen Kapiteln schon jede Menge gelesen.

Zulassen

Das Loslassen und Weglassen ist die eine Seite der Medaille. Loslassen und weglassen – manchmal gibt es auch keine ganz klare Trennlinie. Was für den einen das Loslassen (zum Beispiel bestimmter Angewohnheiten) ist, ist für den anderen Weglassen (zum Beispiel bestimmter Angewohnheiten). Doch neben dem Loslassen und Weglassen gibt es noch etwas Wichtiges: das Zulassen.

Zulassen geht besonders gut, wenn Sie loslassen und weglassen können. Erinnern Sie sich an das Thema der Akzeptanz? Manchmal bleibt uns nichts anderes übrig, als Dinge zu akzeptieren. Um das Thema des Zulassens näher zu erläutern, möchte ich auf Beispiele aus meinem Leben eingehen:

Ich lasse heutzutage beispielsweise die Tics vom Tourette-Syndrom zu, egal, ob ich gerade privat unterwegs bin oder auf der Bühne stehe. Dadurch wirke ich auf Menschen viel authentischer als zu der Zeit, wo ich versucht habe, sie zu unterdrücken.

Heute lasse ich auch meiner Müdigkeit und Erschöpfung freien Raum – ich lasse sie zu, wenn ich merke, dass ich Erholung brauche. Früher habe ich bei Müdigkeit und Erschöpfung viel Kaffee – oder manchmal noch schlimmer: Energiedrinks – zu mir genommen und einfach wei-

tergemacht. Heute lasse ich die Müdigkeit zu und gönne mir Erholung, wenn ich sie brauche.

Während der Phase, wo ich kaum Geld hatte und wo es mir gesundheitlich schlecht ging, habe ich Hilfe zugelassen – entgegen meinem Stolz. Bis heute bin ich den Menschen, die seinerzeit für mich da waren, sehr dankbar.

Das Zulassen betrifft aber auch das Zulassen von Gefühlen – egal welcher Art.

Früher habe ich jegliche negativen Gefühle verdrängt. Heute gebe ich auch den negativen Gefühlen Raum, ohne dass sie Macht über mich erhalten. Danach sind die positiven Gefühle umso intensiver.

Wir Menschen haben nun mal verschiedene Arten von Gefühlen und Emotionen – und das ist auch gut so. Je mehr ich auf meine Gefühle höre – zum Beispiel auch auf das Bauchgefühl –, umso mehr kann ich spüren, ob ich auf dem richtigen Weg und im Flow bin.

Der Flow-Indikator

Wenn etwas stockt, dann heißt es: innehalten, nachdenken und vielleicht Entscheidungen treffen. Anschließend fragen Sie sich bitte, was Sie loslassen, weglassen oder zulassen sollten und können. So kann ein Flow entstehen und Ihr Weg wird sich nach und nach viel leichter anfühlen. Mit der Leichtigkeit kommt dann oft sogar das Gefühl der Freiheit dazu.

Ein guter Indikator dafür, ob wir im Flow sind oder nicht, sind aufkommende Schwierigkeiten. Wenn wir nicht im Flow sind, dann fangen wir an zu zweifeln. Aufkommende Schwierigkeiten rauben uns unsere Kraft und Energie. Wir möchten am liebsten alles hinschmeißen. Es fühlt sich schwer und zäh an. Es kommt vielleicht ein Gefühl auf, dass es alles viel zu viel ist. Der Wunsch nach Erholung, Entspannung und Loslassen der Probleme macht sich bemerkbar. Wenn wir nicht im Flow sind, dann können uns schon kleinere Schwierigkeiten fast umhauen. Es fühlt sich mühselig an.

Anders ist das Gefühl, wenn wir im Flow sind. Schwierigkeiten treten auch dann eventuell auf. Nicht immer ist der Weg, den wir uns aussuchen, ein leichter, doch das Gefühl zu den Schwierigkeiten ist ein anderes. Wenn wir im Flow sind, dann wollen wir diese Schwierigkeit gerne überwinden. Das ist vielleicht auch anstrengend, aber es raubt uns nicht unsere Kraft. Wir bleiben dennoch am Ball, weil wir insgesamt etwas machen, was uns motiviert, was uns Freude bringt und für was wir brennen.

Apropos „Brennen": Wenn wir im Flow sind, brennen wir für eine Sache, wir spüren das Feuer hierfür in uns. Wenn wir nicht im Flow sind, dann fühlen wir uns wie ausgebrannt. Ein Feuer kann wärmen und Licht spenden. Ein Feuer kann verbrennen und zerstören.

Das Wort „Flow" heißt übersetzt „Fließen". Dabei liegt die Assoziation von Wasser nahe. Auch mit der Analogie Wasser können wir hier arbeiten. Fließendes Wasser umschifft Hindernisse. Stellen Sie sich einen Flusslauf mit lauter Steinen vor. Wenn das Wasser hoch genug ist und genug Fließkraft hat, dann läuft es quasi von allein. Es kann alle Steine mit Leichtigkeit umfließen. Es verändert beim Umspülen der Hindernisse sogar seine die Geschwindigkeit. Es wird schneller. Hindernisse als Motivation, um noch schneller und besser zu werden. So fühlt sich der Flow an.

Wenn das Flussbett zu wenig Wasser führt, dann fließt nichts mehr. Das wenige Wasser muss dann irgendwie anders von A nach B gebracht werden, es fließt nicht von allein. Vielleicht transportieren wir es in Eimern und müssen zu Fuß über die Steine klettern. Das geht zwar, ist aber sehr anstrengend. Wir brauchen vielleicht sogar Unterstützung von außen. Der Flow fehlt.

Auch das Gegenteil ist möglich. Der Fluss kann viel zu viel Wasser führen und reißt vieles mit sich. Das kann im schlimmsten Fall zerstörerisch sein. Analogie zu uns als Mensch: Je stärker der Fluss ist, desto mehr können wir Menschen begeistern und mitreißen. Doch es kann auch zu viel des Guten sein – entweder, weil es anderen Menschen zu viel wird oder uns irgendwann unserer Kraft beraubt. Ein zu viel, zu schnell, zu hoch kann im schlechtesten Fall gesundheitliche Folgen haben. Wir werden dann vielleicht von unserer eigenen Flutwelle überspült.

Reflexion
Werfen Sie doch mal einen Blick auf die Aufgaben und Herausforderungen, die Sie gerade haben – sowohl beruflich als auch privat.

Wie anstrengend ist es gerade für Sie?
Fühlen Sie Leichtigkeit bei der Erledigung Ihrer täglichen Aufgaben?
Spüren Sie Freude und Begeisterung?
Wie frei fühlen Sie sich?

Und wenn Sie nun ganz ehrlich zu sich sind und einmal in einer ruhigen Minute in sich hineinfühlen:
Sind Sie zufrieden mit Ihrer aktuellen beruflichen oder privaten Situation?
Oder bestimmen die Situationen Sie und Ihr Handeln? Wer ist verantwortlich für die Hauptstruktur Ihres Tages? Sind Sie Besitzer Ihrer eigenen Zeit oder sind Sie größtenteils fremdbestimmt?

Was können Sie loslassen, weglassen oder zulassen?

4.4 Umdeuten

Die Welt ist genau so, wie wir sie wahrnehmen. Wenn andere Menschen uns erzählen, wie die Welt wirklich ist, hören wir das zwar, lassen aber dennoch nicht von unserer eigenen Wahrnehmung ab. Ob unsere Wahrnehmung wahr ist oder nicht, kann niemand beurteilen, denn auch andere nehmen die Welt aus ihren eigenen Augen heraus wahr.

Per Definition haben wir manche Dinge bestimmt – so zum Beispiel die Farben. So glauben wir zu wissen, wie zum Beispiel die Farben Grün und Blau aussehen. Doch vielleicht sieht Grün in der Wahrnehmung einer anderen Person so aus wie für uns Blau. Denn wie andere die Farben wahrnehmen, wissen wir nicht. Manche Menschen sehen nur Grautöne, andere haben eine Rotgrün-Schwäche, und ob die Farbe Blau für jeden Menschen wirklich so „blau" aussieht wie für uns, können wir beim besten Willen nicht beurteilen. Wir alle haben unsere eigene Sicht auf die Dinge.

Wenn es schon bei Farben so schwierig ist, wie ist das dann erst mit Situationen, zwischenmenschlichen Themen, Emotionen und Gefühlen?

Auch hier gilt: Jeder nimmt nur für sich selbst, aus seiner Perspektive wahr! Die Umwelt, andere Menschen und Situationen sind nur das Spiegelbild dessen, was wir zuvor erlebt, in unser Leben gezogen oder gefühlt haben.

Deshalb kann ich es nicht oft genug schreiben:

Nur das Verändern der Gedanken kann unser Leben verändern. Wir können unsere Umwelt auch umdeuten. Dingen neue Bedeutung geben. Aus Negativem Positives machen.

Manche von uns hadern von Kindheit an mit ihrem Schicksal, weil sie krank sind und andere gesund. Weil andere ein wohlhabendes, harmonisches Elternhaus haben und sie nur Streit, Stress und Armut erleben mussten. Weil andere von Beginn an viel Unterstützung durch „Vitamin B" bekommen und sie sich alles selbst und allein aufbauen müssen. Und doch ist auch dies nur das Resultat ihrer Wahrnehmung und ihrer Einstellung zu den Dingen. Wer sagt, dass diese Menschen unglücklicher werden müssen im Leben? Wer sich alles selbst erarbeitet, kann stolz sein auf sein Werk. Das unglaubliche Gefühl, etwas selbst geschafft zu haben, entgeht denen, die immer und überall einen „Türöffner" finden.

Wenn negative oder zerstörerische Gedanken aufkommen, dann sollten wir uns fragen, ob es wirklich wahr ist. Ob wir nicht alles zu „dunkel" sehen. Ob wir nicht Dinge aus unserer Vergangenheit ganz selbstverständlich zur Messlatte nehmen, obwohl es sich hier um eine andere Situation handelt. Ob es nicht noch eine andere Möglichkeit der Wahrnehmung gibt. Fragen wir uns, was Außenstehende dazu sagen würden.

Nehmen Sie sich einmal bestimmte Themen oder Punkte heraus, die für Sie bislang immer nur negativ besetzt waren, Handicaps, Ihre wirtschaftliche Situation, ungünstige Umstände, und versuchen Sie, diese umzudeuten: Was ist das Gute am Schlechten? Oder was könnte es noch bedeuten?

Ich mache das zum Beispiel regelmäßig spielerisch mit meinen Tourette-Tics, wenn sie mich mal wieder allzu sehr nerven und für Verspannungen und Schmerzen im Körper sorgen.

Zwei Beispiele – vielleicht bringen Sie sie ja ein bisschen zum Schmunzeln:

> *Einer meiner Tics ist das Zwinkern. Das nervt kolossal, wenn man ständig die Augen zukneifen oder zwinkern muss. Manchmal kombiniert mit*

Augenrollen. Das kann einen fast schon wahnsinnig machen, wenn die Tics gerade besonders stark sind. Spannenderweise habe ich von anderen Personen jedoch schon gehört, dass sie das „niedlich" finden und sie dachten, ich würde mit ihnen flirten. Erstaunlich – das, was ich an mir selbst als abschreckend empfinde, kommt bei anderen Menschen als zugewandt und flirtend an. Okay, nicht mit jedem, den ich anzwinkere, möchte ich auch wirklich flirten. Doch wenn es dafür sorgt, dass sich ein anderer gut fühlt, dann hat es doch was für sich ...

Da die Tics vor allem dann kommen, wenn ich angespannt, gestresst oder müde bin, könnte man sie auch anders umdeuten: Wovor will ich die Augen verschließen? Was will ich gerade nicht sehen? Was ist es, was mich gerade stresst oder müde macht?

Die Tourette-Tics sind für mich inzwischen ein guter Indikator, ob ich auf dem richtigen Weg bin oder nicht, denn die Tics sind schneller als mein Verstand.

Ähnlich ist es mit meinem Tic, dass ich meinen Kopf zur Seite drehen muss. Ich versuche mal das Gefühl dazu zu erläutern: Ich habe den absoluten Drang, meinen Kopf so weit nach hinten drehen, dass die Augen fast schon nach hinten schielen. Je weiter ich den Kopf drehe, desto mehr gibt es Entlastung – denn die Tics fühlen sich an wie ein Zwang. Wenn man diesem Zwang nachgibt, dann ist es erleichternd. Wenn man versucht, die Tics zu unterdrücken, wird der Druck immer stärker. Es ist wie Druck ablassen.

Wie kann man das umdeuten? Vielleicht, dass ich immer alles im Blick habe, auch das, was hinter mir passiert? Ich blicke zurück und entdecke vielleicht Dinge, die ich als „Normalo" niemals sehen würde, weil ich mich eben nicht so umdrehen würde.

Manchmal habe ich hier einen ähnlichen Effekt wie mit den Zwinker-Tics: Leute fühlen sich angesprochen und denken, ich möchte mit ihnen in Kontakt kommen. Aus deren Gefühlswelt heraus ist es absolut nachvollziehbar. Warum sollte ich mich auch ansonsten so oft umdrehen?

Wir interpretieren immer aus unseren eigenen Erfahrungswerten und aus unserem Gefühlsleben heraus, manchmal gekoppelt mit bestimmten Wünschen oder Vorstellungen. Wenn ich beispielsweise glaube, dass eine Person mit mir in Kontakt kommen möchte, dann interpretiere ich deren Körpersprache anders als wenn ich denke, dass diese Person mich ablehnt.

Das, was wir in unserer Umwelt wahrnehmen, ist immer nur ein Spiegel unseres Selbst und unseres Empfindens.

Deuten Sie Gefühle um

Wie können Sie das Umdeuten von negativen Dingen nun in Ihren Alltag integrieren? Es fängt mit Achtsamkeit an. Wenn Sie ein bestimmtes Gefühl haben, dann hinterfragen Sie sich, woher dieses Gefühl kommen kann. Gibt es vielleicht eine andere Möglichkeit, dieses Gefühl zu interpretieren?

Hier möchte ich ein schönes Beispiel von Peter Brandl anführen, den Sie ja bereits im Vorwort kennengelernt haben. Es geht um das Thema Lampenfieber.

> *Lampenfieber ist im Grunde genommen ein Gefühl der Angst oder der Aufregung. Wird alles gut gehen? Wird alles klappen, die Technik, der Ablauf? Wird das Publikum mich mögen? Werde ich auch meinen Text nicht vergessen? Was ist wenn, ...? Solche und ähnliche Fragen verursachen ein Gefühl des Lampenfiebers. Peter Brandl sagt hierzu Folgendes: „Lampenfieber fühlt sich an wie frisch verliebt! Kribbeln im Bauch und erwartungsvolle Aufregung." Peter Brandl fühlt sich vor jedem Auftritt so, als sei er frisch verliebt! Kribbeln im Bauch und erwartungsvolle Aufregung ... Die Gefühle sind genau die gleichen, nur die Deutung ist eine andere. Das ist für mich eine wundervolle Art der Umdeutung! Wenn ich frisch verliebt bin, sind auch meine Ausstrahlung und Wirkung anders, als wenn ich gerade Angst vor irgendetwas habe!*

Deuten Sie Erlebnisse um

Auch Erlebnissen können wir eine neue Bedeutung verleihen. Ich empfehle hierbei gerne das Führen eines Ressourcen-Aktivierungsbuches oder Stärken-Aktivierungsbuches.

Sie haben doch bestimmt schon schwierige Situationen oder Krisen überstanden, oder? Ich kenne niemanden, der nicht schon mal etwas erlebt hat, das ihn sehr traurig oder wütend gemacht hat, das ihn vielleicht sogar mal an das (vorübergehende) Ende seiner Kräfte gebracht hat. Jeder Mensch hat das Gefühl der Verzweiflung schon einmal erlebt. Das behaupte ich an diese Stelle einfach mal.

Was machen die meisten Menschen? Nach überstandenen Krisen oder schwierigen Situationen wenden sie sich anderen Dingen zu, Dingen, die mehr Freude bringen. Dennoch lohnt sich ein Blick zurück: In überstandenen schwierigen Situationen oder Krisen können wir unsere besonderen Stärken entdecken. Was war es, das uns geholfen hat, jene Situation tatsächlich zu überstehen? Warum sind wir wieder aufgestanden? Was war unsere besondere Stärke?

Aus Krisen und schicksalshaften Situationen können wir lernen. Wir können ihnen eine neue Bedeutung geben, an ihnen festmachen, wie wir gewachsen und gereift sind, wie wir neue Fähigkeiten und Seiten entwickelt haben.

Manchmal ist es erforderlich, hier auch tiefer zu hinterfragen: Gab es Menschen, die uns in einer Krise geholfen haben, Freunde, gute Bekannte, Familie, Kollegen? Dass uns andere in der Krise helfen, ist nicht selbstverständlich. Was haben wir vorher dafür getan, dass diese Freunde in der Not für uns da waren? Was lieben diese Freunde an uns? Welche guten Eigenschaften, Talente und Fähigkeiten sehen diese Menschen in uns, die für uns selbst vielleicht viel zu selbstverständlich sind?

Deuten wir auch hier um, lassen wir neue Perspektiven auch auf uns selbst zu.

Eine meiner besonderen Stärken ist meine Kraft, immer wieder anzufangen und immer wieder aufzustehen. Daraus hat sich die nächste Stärke entwickelt: andere zu motivieren und dazu zu bringen, ihr eigenes Leben zu leben, ein gesundes Selbstwertgefühl aufzubauen und ihre Träume zu leben (beruflich und privat). Doch auch mir war es bis vor ein paar Jahren nicht bewusst, dass es etwas Besonderes ist, immer wieder aufzustehen, egal, wie „bescheiden" die äußeren Umstände sind oder waren.

Führen Sie ein Ressourcen-Aktivierungsbuch

Ich empfehle das Schreiben eines Ressourcen-Aktivierungsbuches (alternativ Stärken-Aktivierungsbuch). In diesem Buch schreiben Sie nicht nur Ihre größeren Krisen und Herausforderungen auf und was Sie daraus gelernt haben, sondern Sie können auch kleinere Begebenheiten hineinschreiben.

Ein Alltagsbeispiel: Vielleicht haben Sie sich mal wieder mit Ihrem Partner gestritten. Schreiben Sie auf, was Sie in dieser Situation gut gemacht haben. Keine Situation ist so schlecht, als dass sie nicht noch irgendeinen guten Lerneffekt für uns hätte. Haben Sie es vielleicht geschafft, nachzugeben oder sich durchzusetzen? Worauf können Sie stolz sein? Wenn Sie nun noch einen Schritt weitergehen und hineinschreiben, was Sie beim nächsten Mal verändern würden, dann kann zusätzlich noch Wachstum und positive Veränderung entstehen.

 Umdeuten heißt, seinen Blickwinkel zu verändern. Nichts, was wir wahrnehmen, kann nicht auch umgedeutet werden. Es gibt immer mehrere Wahrheiten.

Sehen Sie das Gute in allem

Zugegeben, manchmal ist es unglaublich schwer, in bestimmten Situationen etwas Gutes zu finden. Dennoch ist es wichtig und sinnvoll, die Situation zu analysieren: Was lerne ich daraus? Warum ist mir das passiert? Welchen Anteil habe ich selbst daran, dass es passiert ist? Denn wir sind in der Regel nicht nur Opfer, sondern haben Situationen auch selbst zu verantworten.

Manchmal geht das erst mit einem gewissen Abstand – teilweise erst nach Wochen, Monaten oder Jahren. In den Momenten der Trauer und der Wut ist eine Reflexion oft noch nicht möglich. Dann sind erst mal Gefühle wichtig, und es ist gut, wenn wir die Gefühle zulassen! Sie dürfen nur keine Macht über uns bekommen. Gefühle zulassen: Ja! In negativen Gefühlen verharren, vielleicht sogar über Tage, Wochen oder Monate: Nein! Das schadet nur Ihnen selbst. Bitte machen Sie sich das immer bewusst, vor allem, wenn es um Gefühle geht, die sich gegen andere Menschen, Situationen oder Dinge richten. Dem anderen oder der Situation schaden Sie mit diesen Gefühlen in der Regel nicht. Sie schaden lediglich sich selbst. Denken Sie an den Spruch: „Hass macht hässlich."

Wenn mir etwas passiert, das mich traurig oder wütend macht, lasse ich die Gefühle kurz zu und sage mir anschließend: „Diese Erfahrung macht mich zu dem Menschen, der ich morgen sein werde!" Irgendwann schaue ich zurück und sage: „Danke für diese Erfahrung! Es hat mich genau zu dem Menschen gemacht, der ich jetzt bin!"

 Erlebnisse und Erfahrungen sind Wegbegleiter. Sie machen uns reifer und weiser. Versuchen wir Ihnen freundschaftlich zu begegnen, auch wenn es manchmal schwerfällt.

Es sind die Lernerfahrungen des Lebens, die uns auf die nächste Stufe bringen. Alles, was wir erleben – egal ob positiv oder negativ –, sind Lernerfahrungen.

4.5 Raus aus dem Geld-Zeit-Gefängnis

Die Zeit – ein spannendes und philosophisches Thema. Zeit ist messbar. Doch Zeit kann je nach Situation einen sehr unterschiedlichen Wert haben.

Sie kennen das garantiert: Manchmal rast einem die Zeit davon und manchmal kommt einem eine Minute wie eine Ewigkeit vor. Zeit ist kostbar, und dennoch wünschen wir uns manchmal, die Zeit möge schneller vergehen, weil wir vielleicht auf ein besonderes Ereignis hinfiebern. Und manchmal ist es genau das Gegenteil. Wir haben Angst vor einem bestimmten Ereignis und hoffen so sehr, dass dieser Zeitpunkt niemals kommen wird. Wie verbringen Sie Ihre Zeit und wie erleben Sie Ihre Zeit?

Das Thema Zeit ist eng verbunden mit dem Thema Geld. Auch Geld ist kontext-, situations- und umgebungsbezogen. Und noch etwas verbindet beides miteinander: Oft wird Zeit gegen Geld oder Geld gegen Zeit getauscht. Arbeitgeber tauschen ihr Geld gegen die Zeit des Arbeitnehmers. Der Arbeitnehmer tauscht seine Zeit gegen das Geld des Arbeitgebers. Das finden wir auch in vielen anderen Bereichen. In nahezu allen Dienstleistungsbereichen wird Zeit gegen Geld getauscht. Als Kunde gehen Sie zum Heilpraktiker, zum Physiotherapeuten, zum Friseur etc. und tauschen Ihr Geld gegen die Zeit des Dienstleisters. Jeder selbstständige Handwerker tauscht Zeit gegen Geld und derjenige, der einen Handwerker beauftragt, zahlt Geld für seine Zeit. Die meisten Trainer, Berater und Coaches tauschen Zeit gegen Geld. Vom Grundsatz her ist dagegen auch nichts einzuwenden, wenn Sie mit Ihren Einkünften zufrieden sind und Ihre Ausgaben zu Ihren Einnahmen passen.

Unzufriedenheit taucht meistens dann auf, wenn eines von beidem zu knapp vorhanden ist. Wenn viel Zeit und wenig Geld da ist, kann es genauso frustrierend sein, als wenn zwar ausreichend Geld vorhanden ist, aber nicht genug Zeit.

Ganz übel wird es, wenn von beidem zu wenig vorhanden ist. Ich nenne es das Geld-Zeit-Gefängnis, wenn Sie zu viel arbeiten müssen, um finanziell über Wasser bleiben zu können, und Sie zu wenig Zeit für Regeneration oder für private Dinge haben, die Ihnen wichtig sind. Allgemein wird es als „Hamsterrad" bezeichnet. Für mich ist Geld-Zeit-Gefängnis passender. Aus einem Hamsterrad können Sie vielleicht noch herausspringen (mit ganz viel Mut), aus einem Gefängnis auszubrechen bedarf es schon einiger Energie, Kraft und manchmal Kreativität. Wie meine ich das?

Es gibt mehrere Arten des Geld-Zeit-Gefängnisses.

Einige Beispiele hierfür:
- *Vielleicht verdienen Sie in Ihrem normalen Job zu wenig Geld und arbeiten deswegen noch in einem Zweit- oder Nebenjob. Sie arbeiten, um finanziell überleben zu können. Zeit zum Leben ist kaum noch da. Oder Sie haben hohe Kredite aufgenommen und müssen diese bedienen. Auch hier müssen Sie mehr arbeiten. Geld hat Vorrang vor Ihrem Privatleben.*
- *Ihre Ausgaben für Miete, Lebenshaltung etc. sind zu hoch. Am Ende des Geldes ist zu viel Monat übrig. An Urlaub, Freizeitaktivitäten etc. ist nicht zu denken. Sie müssen sich einschränken. Geldmangel schränkt hier Ihre Freizeit ein.*
- *Sie bleiben in einem vermeintlich sicheren Job, obwohl Sie von einer anderen Berufstätigkeit träumen. Sie trauen sich nicht, die Sicherheit Ihres aktuellen Einkommens aufzugeben. Geld dominiert hier die Art der Berufstätigkeit.*

Hier ließen sich viele weitere Beispiele anführen. Ich vermute, Sie wissen, was ich meine.

Wie viele Menschen haben Horror vor dem Montag! Sie gehen mit Unwillen zur Arbeit und hoffen täglich auf den Feierabend. Dann sind sie von dem (emotional) anstrengenden Tag (Dinge wie Langeweile, nervige Kollegen, stressige Arbeit, schlechtes Arbeitsklima, Konflikte, Ärger etc. sind emotional anstrengend) so erschöpft, dass sie froh sind, sich vielleicht zu Hause nur noch auf das Sofa zu legen und sich vom Fernseher berieseln zu lassen. Das Wochenende ist dann dafür da, alle Dinge nachzuholen – Haushalt, Einkäufe, Familie, Freunde, Hobbys. Im schlimmsten Fall sind Menschen, denen es so geht, auch am Wochenende zu erschöpft, um ihr Leben wirklich zu leben. Sie brauchen das Wochenende dann zur Erholung von der Erschöpfung. Wie viel wertvolle Lebenszeit geht dabei verloren?

Unsere Lebenszeit ist kostbar! Sie ist begrenzt. Wenn Sie sich vielleicht ein kleines bisschen in Ihrem Alltag ertappt fühlen, dann ist es höchste Zeit, etwas zu ändern.

Machen Sie einen konkreten Plan! Was ist Ihnen wichtig? Wie viel Zeit möchten Sie zukünftig für sich selbst und für die Dinge haben, die Ihnen wichtig sind? Wie können Sie sich diese Freiräume schaffen?

Sie sagen, das geht nicht, weil Sie das Geld brauchen? Das kann ich durchaus nachvollziehen. Doch wenn wir wirklich etwas ändern wollen, dann finden sich Lösungen. Machen Sie eine konkrete Einnahmen-Ausgaben-Rechnung. Was kommt aktuell rein? Wie würde es sich auswirken, wenn Sie Ihre Arbeit oder Ihre Arbeitszeit verändern würden? Was für unnötige Ausgaben haben Sie? Sind beispielsweise die von Ihnen genutzten Abos wirklich wichtig? Brauchen Sie ein großes (oder schickes) auf Kredit gekauftes Auto oder würde ein anderes Auto auch gute Dienste leisten? Müssen Sie so wohnen, wie Sie jetzt wohnen, oder gäbe es hier eine Veränderungsmöglichkeit?

Menschen trennen sich schwer von ihren Gewohnheiten. Ein tolles Auto, eine große Wohnung, ein schickes Haus – ja, alles von den Wünschen und Bedürfnissen her nachvollziehbar. Doch wie viel Zeit tauschen Sie hierfür ein? Wie viel zufriedener könnten Sie sein, wenn Sie Dinge verändern und dadurch entweder mehr freie Zeit hätten oder die Chance auf einen Berufswechsel (vielleicht ja sogar in die Selbstständigkeit)?

Zeit und Geld – wie stehen diese beiden Werte in Relation?

Unsere Zeit ist begrenzt. Geld gibt es viel auf der Welt. Wir müssen nur den Weg finden, wie es zu uns kommt. Wenn wir freie Zeit haben, dann können wir Dinge tun, die uns glücklich machen. Wir müssen hierfür jedoch wissen, was genau uns glücklich macht und wie wir dieses Gefühl gegebenenfalls auch mit wenig oder gar keinem Geld erreichen können.

Geld ist nicht zwingend notwendig, um glücklich zu sein. Wenn Geld dazukommt, ist es ein Multiplikator zum Glück und nicht der Glücksbringer selbst. Mit Geld ist natürlich vieles einfacher, aber unser Glück sollte nicht vom Kontostand abhängen.

Wenn wir genug Geld haben, dann können wir uns zwar Glücksmomente kaufen, aber meist ist Glück, das nur auf Grundlage von materiellen Dingen entsteht, nicht von langer Dauer. Es gibt erstaunlich viele Menschen, bei denen zwar genug Geld vorhanden ist, aber es fehlt ihnen die Zeit, um es für tolle Dinge und schöne Erlebnisse auszugeben, und es fehlt an Menschen, mit denen sie es teilen können, weil keine Zeit war, um eine Familie oder einen Freundeskreis aufzubauen.

Viel Geld und wenig Zeit für Dinge, die uns Freude bereiten – das macht selten glücklich.

Wenn wir uns dessen bewusst werden, dann stellen wir schnell fest: Unsere Zeit ist – neben der Gesundheit – unser wertvollstes Gut!

Glück und Zufriedenheit entsteht in unserem Inneren. Geld ist kein Faktor, an dem ich Glück festmachen kann. Es gibt wohlhabende Menschen, die sehr glücklich sind. Aber es gibt auch Menschen, die reich und sehr unglücklich sind.

Das Gleiche finden wir bei Menschen mit wenig Geld: Es gibt die Glücklichen und die Unglücklichen. Wenn ich den Unglücklichen viel Geld gebe, dann sind sie nicht automatisch glücklicher – zumindest nicht langfristig. Denn Glück entsteht mit unserer inneren Einstellung. Wenn ich Zufriedenheit und Glück in mir selbst finde, dann ist Geld nur ein Multiplikator des Glücks.

4.6 Keine Ausreden mehr

Verwandle deine Defizite in Motivation, nicht in Ausreden!

Sind Sie immer noch dabei, Gründe dafür zu finden, warum Sie etwas nicht tun oder tun können? Je mehr Gründe Sie gegen etwas finden, desto weniger werden Sie Ihre Ziele auch erreichen. Verändern Sie Ihr Denken und Ihre Gedanken.

Ich gebe zu, das ist nicht immer so ganz leicht, und auch ich habe noch keinen Knopf am Menschen gefunden, den wir einfach drücken können, damit es funktioniert. Es ist ein Weg – Schritt für Schritt. Manchmal müssen wir die Lösung selbst noch nicht kennen. Wichtig ist, dass wir uns bewusst werden, was wir wirklich wollen, wohin wir steuern möchten – nicht vom Kopf, sondern vom Herzen her. Das Gefühl zu den Zielen, Träumen, Wünschen ist wichtig.

Aufgabe: Schreiben Sie sich Ihre Ziele und Wünsche auf. Bitte bewerten Sie an dieser Stelle noch nicht, wie realistisch eine Umsetzung sein könnte. Fertig? Dann folgen die Unteraufgaben: Überlegen Sie: Warum haben Sie Ihr Ziel bisher noch nicht erreicht? Warum haben sich Ihre Wünsche noch nicht erfüllt? Was können Sie tun, damit die eben genannten Gründe zukünftig keine Rolle mehr spielen? Gibt es Möglichkeiten? Wenn ja, was könnten Sie ab sofort umsetzen?

Setzen oder legen Sie sich irgendwo in Ruhe hin. Hören Sie sich schöne Musik ohne Text an – am besten Meditationsmusik. Stellen Sie sich nun vor, Sie hätten Ihr Ziel erreicht oder Ihr Wunsch wäre erfüllt – was wäre anders? Wie würde sich Ihr Leben dann anfühlen? Konzentrieren Sie

> sich auf das Gefühl, eine Lösung müssen Sie noch nicht kennen. Je intensiver das Gefühl ist und je größer der Wunsch zur Zielerreichung, desto eher kann sich eventuell aus ganz anderer Richtung eine Lösung zeigen, desto wahrscheinlicher ist eine wirkliche Zielerreichung. Sie werden anschließend mit „offeneren" Augen durch die Welt gehen. Vielleicht begegnen Ihnen plötzlich Menschen, die Ihnen auf Ihrem Weg weiterhelfen. Vielleicht bekommen Sie plötzlich Dinge oder Möglichkeiten angeboten, von denen Sie überhaupt nicht ahnten, dass das überhaupt möglich ist.

Auch hier kann ich Ihnen wieder aus eigener Erfahrung sagen: Es funktioniert. Warum das so ist, weiß ich nicht. Ziehen wir uns diese Dinge plötzlich in unseren Alltag? Können wir das mit Energie, mit dem Universum, mit Gott oder Allah erklären? Oder gehen wir einfach mit offeneren Augen durch das Leben? Ich weiß es nicht. Ich weiß nur, dass es klappt ... aus eigener Erfahrung.

Führen Sie ein Visionstagebuch

Noch etwas möchte ich Ihnen ans Herz legen: Schreiben Sie ein Visionstagebuch, dieses haben Sie ja schon in Kapitel 3.1 kennengelernt. Je mehr Sie Ihre Wünsche und Ziele schriftlich fixieren, desto mehr manifestieren sie sich. Das ist der gleiche Effekt wir der, den ich eben schon beschrieben habe.

Als ich mit dem Schreiben meines Visionstagebuchs anfing, hatte ich noch keine Ahnung, wie das, was ich da hineingeschrieben habe, überhaupt in der Realität funktionieren sollte ... Ich fing kurz nach der Trennung von meinem Mann (nach fast 16 Jahren Ehe) mit dem Schreiben des Visionstagebuchs an. Es war zu der Zeit, als mein Exmann und ich noch im WG-ähnlichen Zustand zusammenwohnten. Ich war nach der Trennung in mein Arbeitszimmer gezogen, er blieb im Schlafzimmer. Es war zu der Zeit, als es mir utopisch vorkam, „ihn" mit dem Haus allein zu lassen, weil ich dachte, er könne sich das alleine nicht leisten. Mir war klar, dass ich beim Auszug erst einmal die halbe Miete weiterbezahlen müsste (so war es dann auch tatsächlich ein Jahr lang), wenn ich meiner Tochter ihr Zuhause erhalten wollte. Doch mir war auch klar, dass nicht ich diejenige sein werde, die in dem Haus weiter wohnen würde. Es war viel zu weit draußen – der nächste menschliche Nachbar war 500 Meter entfernt, ansonsten gab es nur Kühe. Idyllisch, aber als Frau allein mit einem damals 8-jährigen Kind wollte ich dort nicht wohnen. Mir war zu dem Zeitpunkt nicht klar, wie ich es jemals schaffen sollte, auszuziehen – was war mit meiner Tochter, den Finanzen, wie sollte mein Exmann ganz alleine klarkommen ... Ich fand viele Gründe, auszuziehen, aber zunächst keine Lösungen dafür.

Ich hatte auch noch unendlich viele andere Träume, große Träume, doch meine finanziellen Mittel und meine Rahmenbedingungen schienen alles andere als dafür geschaffen. Meine wahrgenommene Realität engte mich ein – das Haus, meine Tochter, meine fünf Pferde, die Verantwortung für den Weidebetrieb, mein „normaler Job" als Trainerin. Ich hatte weder genug Zeit noch genug Geld (und nicht genug Mut). Ich war in meinem Geld-Zeit-Angst-Gefängnis gefangen – aussichtslos.

Im Herbst 2016 begann ich, mein Visionstagebuch zu schreiben. Ich kreierte mir die Lebensumstände, in denen ich leben wollte. Schrieb meine Träume auf: Ich wollte frei sein von meinem Exmann, eine eigene Wohnung, ich wollte viel Zeit auf Mallorca verbringen, Bücher schreiben, als Rednerin unterwegs sein. Mein Exmann war absolut gegen meine Pläne, als Rednerin aktiv zu sein. Er wollte davon nichts wissen und beleidigte alle Speaker und die Szene pauschal (hier gehe ich jetzt lieber nicht ins Detail). Er wollte die Menschen, mit denen ich mich mehr und mehr umgab, nicht kennenlernen. Er war überzeugt davon, er würde diese ohnehin nicht mögen würde – es sei nicht sein „Schlag Mensch". Ich fing außerdem an, mir meine Wunschbeziehung schriftlich zu kreieren. Ich schrieb auf, was ich mir von einem Mann und einer Beziehung wünsche.

Im Januar 2017 zog ich aus – in ein WG-Zimmer. Zunächst schrieb ich weiter in mein Tagebuch, und irgendwann kam mein Leben so richtig in einen vorher nie gekannten Flow. Und ich vergaß mein Visionsbuch ...

Im Sommer 2018 (ich war kurz zuvor aus meinem WG-Zimmer aus- und mit meinem neuen Partner zusammengezogen) fiel mir das Buch wieder in die Hände. Beim Hineinlesen bekam ich eine Gänsehaut nach der anderen! Da stand es drin: mein Leben, wie ich es zu diesem Zeitpunkt – also im Sommer 2018 – lebte.

Ich begegnete im Sommer 2017 einem Mann, der exakt alle Eigenschaften hat, die ich mir in 2016 schriftlich gewünscht hatte. Ich begegnete ihm zu einer Zeit, als ich mein Single-Leben so richtig genoss und überhaupt keinen Drang nach einem neuen Mann in meinem Leben verspürte. Doch plötzlich war er da – unerwartet. Mein Wunsch, viele Wochen im Jahr auf Mallorca zu leben, erfüllte sich Anfang 2018. Seit dieser Zeit habe ich eine Ferienwohnung auf der Insel. Meine Pferde sind seit April 2018 dort.

Auch in Hamburg lebe ich inzwischen in einer tollen Umgebung und in einer schönen Wohnung. Es sind wunderbare neue Menschen in mein Leben getreten. Inzwischen stehe ich regelmäßig als Rednerin auf der Bühne – unter anderem mit meinem Herzensthema: „Selbstwert ist Geld wert. Doch was bist Du Dir wert?" Fast alles, was in meinem Visionsbuch stand, hat sich erfüllt. Raten Sie mal, was ich wieder mache, seit mir mein Visionsbüchlein wieder in die Hände gefallen ist?

Doch es gab auch Wünsche, die sich nicht erfüllt hatten. Ich fragte mich immer wieder, warum sich manche Dinge, die ich aufgeschrieben hatte, fast eins zu eins erfüllt haben, und andere Dinge nicht. Beim Blättern in meinem Buch fiel mir etwas an dem auf, was sich nicht erfüllt hatte: Alle Wünsche, in denen ich konkret mit Zahlen, Daten und Fakten gearbeitet hatte, blieben unerfüllt. Beispiel: Ich schrieb: „Ich möchte xx Traineraufträge pro Monat zu einem Tagessatz von yy,- Euro haben." Oder: „Ich bekomme im Monat xx und Jahr yy genau den folgenden Auftraggeber ...", „Ich mache im Monat xxxxx,- Euro Umsatz".

Doch warum haben sich diese Dinge nicht erfüllt? Man liest doch immer wieder, dass man in seinen Zielvorgaben und Wünschen möglichst konkret sein soll. Warum klappte das nicht? Das widerspricht doch vielen Theorien? Meine Antwort darauf habe ich gefunden: Es waren reine Verstandes-Wünsche. Es steckten tatsächlich ganz andere Wünsche dahinter. Ich wollte mir mit dem Geld etwas kaufen. Ich wollte genug Geld für meine Weiterbildungen haben, um zu reisen, um schön zu wohnen. Die Zahlen kamen aus dem Verstand, nicht aus dem Herzen.

Alle Wünsche, die ich vom Herzen her aufgeschrieben habe, die haben sich erfüllt. Doch dafür braucht es nicht immer Geld. Manchmal sind es Begegnungen mit Menschen, die einen weiterbringen, manchmal sind es die guten Gelegenheiten. Geld ist nur Mittel zum Zweck. Es ist wichtig, ohne Frage. Sich aber einfach nur Geld zu wünschen, ist oft wenig zielführend.

Schreiben Sie Ihre Herzenswünsche auf und vertrauen Sie dann darauf, dass diese Wünsche zum richtigen Zeitpunkt am richtigen Ort erfüllt werden. Ich sage gerne: „Die da oben werden es schon regeln. Die Lösung müssen wir selbst nicht kennen. Es ist nur wichtig zu wissen, was wir wirklich vom Herzen her wollen." Wer „die da oben" sind, weiß ich nicht. Für den einen ist es Gott, für den nächsten Allah, für andere das Universum oder die geistige Welt ... Vielleicht sind es ja auch nur die Energien, die wir aussenden und empfangen, wer weiß.

Ich kann aus meiner Erfahrung sagen: Ich weiß, dass das Visionstagebuch funktioniert – und zwar immer dann, wenn wir uns unserer wahren Wünsche bewusst werden und sie anschließend loslassen –, indem wir darauf vertrauen, dass sich diese Wünsche erfüllen, wenn es für uns gut und richtig ist.

Also: Rein ins Gefühl – vertrauen und loslassen. Alles andere regelt sich.

Auf dem Weg zu unserer Wunscherfüllung treffen wir manchmal auf Hindernisse. Manche können wir ganz leicht überwinden, manche sind schwer. Wenn Dinge zu schwer sind, dann sind es vielleicht nicht die richtigen. Oder es ist noch nicht der richtige Zeitpunkt oder der richtige Ort! Alles wird gut – zu seiner Zeit.

Wenn auf dem Weg zur Wunsch- bzw. Zielerreichung mal größere Hürden oder Krisen auftreten, dann sagen Sie sich:

Die Krisen und Herausforderungen von heute machen Dich zu dem Menschen, der Du morgen sein wirst! Freue Dich darauf! Das Leben ist genau richtig, so wie es ist. Irgendwann wirst Du wissen, dass die heutige Aufgabe und Herausforderung wichtig war für Deine Entwicklung.

Jeder Mensch hat seine besonderen Herausforderungen, doch besondere Herausforderungen formen besondere Menschen. Damit leite ich zum letzten Kapitel über: Zum Ende dieses Buches möchte ich Ihnen fünf besondere Menschen vorstellen. Jede ihrer Geschichten zeigt, wie wichtig es ist, seine innere Haltung zu verändern, wenn wir etwas verändern wollen. Ich kann es nicht oft genug schreiben: Nur das Verändern der Gedanken verändert unser Leben!

5. Besondere Menschen durch besondere Herausforderungen

Dieses Kapitel ist anderen besonderen Menschen mit besonderen Herausforderungen gewidmet. Sie dienen als positives Beispiel, denn es ist so unendlich viel möglich, wenn wir es nur wirklich wollen.

Alles war irgendwie immer zu früh – die Geschichte von Thomas

Vorwort von Daniela:
Thomas Schneider hat mich sofort beeindruckt, als ich ihn kennenlernte. Auf mich wirkte er energiegeladen, jung und gesund! Als er mir sein Alter verriet, wollte ich das absolut nicht glauben. Das Besondere an Thomas: Er ist der erste Mensch, der sich selbst von einer Krankheit heilte, die als unheilbar gilt (oder besser: galt): Fibromyalgie. Er schaffte es durch die konsequente Umstellung seines Lebens und seiner Ernährung. Wenn Sie Näheres über seine Heilung erfahren wollen, zum Beispiel seine Rezepte und Tipps, dann lege ich Ihnen sein Buch ans Herz: „Ich hatte Fibromyalgie", ISBN: 978-3-9818085-5-1.
Mehr über Thomas finden Sie unter: https://www.unpoquitomas.de
Doch nun lesen Sie selbst:

Thomas: „Alles bei mir war immer irgendwie früh. Ich hatte mich mit 18 Jahren selbstständig gemacht und übernahm mit 23 eine fast fertige Familie mit vier Kindern. Als ich 25 war, kam ein weiteres Kind dazu. Dabei habe ich weiter meine Ziele verfolgt und mein Leben auf der Überholspur gelebt. Es gab viele Höhen und Tiefen, jedoch war für mein Umfeld und mich klar: Ich war nicht zu stoppen. Ich durchlief verschiedene Branchen und konnte meine Talente der Kommunikation und des Storytellings immer mehr ausleben. Meine Beziehung ging in die Brüche, weil ich mich in einem so rasanten Tempo weiterentwickelte, ohne dass mein Partner je die Chance hatte, mit mir zu wachsen. Das ließ mich aber nicht hadern, sondern immer weitermachen. Ich gründete neue Unternehmen und wuchs mit meinen Aufgaben. Als ich dann die Muttergesellschaft eines Franchisesystems für einige Millionen kaufte und eine Bank mich dabei begleitete, war ich gerade 30 Jahre alt. Die Aufgaben waren vielfältig. Ich traf dort meine heutige Frau, wir zogen zusammen und mein Sohn kam zu ihren beiden Söhnen dazu.

Mein Vater war Handwerker und schuftete auf dem Bau. Er erzählte mir immer, dass es noch ein paar Jahre seien und dann habe er es mit 65 Jahren geschafft. Er könne sich dann um alles Versäumte kümmern. Da rechnete ich für mich einmal mein Leben aus: ‚Wenn Papa 45 Jahre lang immer 8 Stunden am Tag macht, um sein Ziel zu erreichen', dachte ich, ich war gerade 18, ‚mache ich das Gleiche, nur in 16 Stunden am Tag, aber dafür in der halben Zeit. Also mit 40 bin ich dann fertig und kann alles nachholen.' Eine Art der Suggestion für mich. Heute weiß ich, dass dieser Wunsch ans Universum funktioniert hat. Aber halt anders.

Mein Unternehmen wuchs und als Unternehmer durchlebte ich alle Höhen und Tiefen. Die Kinder wuchsen heran, Träume wurden erfüllt und neue Ziele gesteckt. Dann ging meine Hausbank in die Insolvenz und wirtschaftliche Engpässe kamen. Eine Nachfolgebank wollte einen Vergleich, der jedoch einen Subventionsgewinn und die damit entstehende Steuernachzahlung im Millionenbereich mein Aus bedeutet hätte. Das war ein Teufelskreis, der sich über zwei Jahre hinzog.

Mittlerweile war ich 39 Jahre alt und hätte vor dem Nichts gestanden. Mit mir die vielen Franchisenehmer. Das konnte ich so nicht geschehen lassen, und eine Eingebung verhalf mir zu einer Lösung, mit der ich mein Unternehmen behalten konnte und keine Steuern zahlen musste. Doch dann wurde ich ‚irgendwie' krank. Es fühlte sich zunächst an wie eine richtig schwere Erkältung, bei der mich zusätzlich jemand mit einem Messer überall am Körper piesackte – und das 24 Stunden lang. Meine Nächte waren kurz und mit Krämpfen angereichert. Diagnosen gab es viele: Borreliose, Burn-out, Rheuma und vieles mehr. Auf alles wurde ich behandelt. Doch die Stärke der Schmerzmedikamente und die Morphium-Pflaster auf Brust und Rücken waren für meine Tätigkeit bedenklich.

Eine Lösung für mein Unternehmen wie auch für meine Gesundheit musste her. Für mein Unternehmen stellte ich einen Geschäftsführer ein und übertrug ihm Anteile und eine Perspektive zur Übernahme. Ich hingegen begab mich in die DKD, die Deutsche Klinik für Diagnostik in Wiesbaden. Nach 48 Stunden stand es fest: Ich hatte Fibromyalgie. Jetzt hatte die Krankheit endlich einen Namen. Mir wurde empfohlen, Antidepressiva sowie Schmerzmittel zu nehmen, und das bis zum Lebensende, da die Krankheit nicht heilbar sei. Dies kam für mich aber nicht infrage, ich hatte ja jetzt eine Diagnose zum Recherchieren. Doch alles, was ich in den Wochen danach erfuhr, war niederschmetternd: Mir stand die Abhängigkeit von Schmerzmitteln bevor, Einschränkungen im Alltag, Erwerbsunfähigkeit, ein Leben im Rollstuhl und ein früher Tod. Ich ließ mich nicht hängen – ich konnte und wollte das nicht akzeptieren, das war keine Diagnose für mich, keine Perspektive für einen Macher. Irgendwann stolperte ich über den Satz von Sebastian Kneipp: ‚Gesund wirst du nicht durch die Apotheke, sondern durch die Küche.' Ein Satz, der mich heilen sollte! Ab diesem Zeitpunkt recherchierte ich das Für und Wider eines jeden Lebensmittels und entwickelte daraus eine Kur für mich, die ich ein Jahr durchhielt. Bereits nach sechs Wochen war ich schmerzfrei und war überglücklich. Nach einem Jahr galt ich als erster geheilter Fibromyalgie-Patient.

Das ist nun 13 Jahre her, und mir geht es blendend.

Darüber habe ich ein Buch geschrieben und damit vielen Hundert Menschen geholfen, ihren unheilbaren Krankheiten entgegenzutreten, sie anzunehmen, die Kontrolle über sie zu bekommen und sich zu heilen.

Heute weiß ich, dass die Programmierung meines Unterbewusstseins im Alter von 18 Jahren, mit 40 in den ‚Ruhestand' zu gehen, der eigentliche Auslöser meiner Krankheit war. Aber wäre ich nicht krank geworden, hätte ich immer so weitergemacht und mich vergessen. In den letzten Jahren habe ich mein ganzes Leben verändert und alles nachgeholt, was ich noch vorhatte.

Ich glaube fest daran: Das Universum erfüllt uns jeden Wunsch, jeden. Das Entscheidende ist, frei von Druck zu sein und den Wunsch richtig zu definieren. Ohne Konjunktive. Nicht, ‚ich hätte oder könnte', sondern ‚ich habe oder kann', als Beispiel. Es bedarf später keiner Verbalisierung mehr. Der bloße Gedanke, wie es sich anfühlt, wenn ein Wunsch Wirklichkeit ist, reicht aus, dass es genau so kommt. Im Guten wie im Schlechten.

Alle Phasen, die Daniela in diesem Buch beschrieben hat, sind Realität und treffen zu. Durch mein Buch bin ich mit vielen Menschen, die ähnliche Schicksale hatten, in Kontakt gekommen. Alle haben die Erkenntnis und dann die Veränderung erfahren. Alles hat einen Sinn. Den jedoch erfährt man immer erst später. In jeder schlechten Sache steckt ein guter Kern. Finden Sie ihn!"

Manche Lernerfahrungen tun weh – die Geschichte von Anna

Vorwort von Daniela:
Anna (ihren richtigen Namen habe ich auf ihren Wunsch geändert) ist eine junge Frau, zum Zeitpunkt des Erscheinens dieses Buches 30 Jahre jung, die jedoch bereits eine bewegte Geschichte hinter sich hat. Wenn man sie heute kennenlernt, kann man kaum glauben, dass ihr so etwas passiert

ist. Sie ist selbstbewusst und erfolgreich. Doch vielleicht ist sie auch genau wegen dieser Geschichte so erfolgreich, denn das, was wir heute sind, ist immer ein Resultat aus unseren Erfahrungen in der Vergangenheit.

Anna hat sich – teilweise aus Naivität und Gutgläubigkeit – ihr eigenes Horror-Szenario geschaffen. Doch das wusste sie zu Beginn ihrer Geschichte natürlich noch nicht. Ihre Geschichte zeigt einmal mehr, dass wir für unser Schicksal größtenteils selbst verantwortlich sind und uns unser Umfeld und unsere Themen selbst erschaffen. Es war eine bittere Lernerfahrung für sie, doch sie ist gestärkt daraus hervorgegangen und ist heute eine strahlende Persönlichkeit.

Anna: „Im Leben trifft der Mensch zig Entscheidungen, einige belanglos, manche mit gravierenden Folgen, und andere wiederum entpuppen sich als die besten unseres Lebens. In meinem Fall ahnte ich nicht, dass diese eine Entscheidung, die ich für recht belanglos hielt, sich zunächst als katastrophal herausstellte, um dann die grandioseste meines Lebens zu werden.

Alles fing damit an, dass ich in meiner damaligen Beziehung unzufrieden war. Ich liebte diesen Menschen einfach nicht mehr und ich konnte es nicht ertragen, dass wir ‚stehen blieben' und im Leben nicht weiterkamen. Das Gefühl, aus der Beziehung flüchten zu müssen, überkam mich mittlerweile fast täglich, und so hatte es ein gewisser Mann relativ leicht, meine Aufmerksamkeit zu erregen ... Es begann mit einer simplen Anfrage bei Facebook und der obligatorischen Frage meinerseits: ‚Kennen wir uns?' Aus einem anfänglich netten und freundschaftlichen Gespräch wurde ziemlich schnell eine sehnsüchtige Verbundenheit. Ich hatte das Gefühl, einen Menschen gefunden zu haben, der mich voll und ganz verstand, der meine Wünsche und Ziele verfolgte und genau wie ich auch mehr vom Leben erwartete. Jemanden, mit dem ich stundenlang herumalbern, aber auch eine Zukunft aufbauen konnte. Jemanden, der keine Angst vor großen Projekten hatte und einer Vision folgte. Dass alles nur gelogen war, wusste ich zu dem Zeitpunkt natürlich noch nicht, und so ließ ich mich auf ein Treffen ein. Man muss dazu bemerken, dass ich Faba (auch dieser Name wurde geändert) viel von mir erzählte und er genau wusste, was ich mir wünschte. Er war sehr verständnisvoll und sprach mir gut zu. Ich entschied mich also dazu, ihn auch ‚im echten Leben' kennenlernen zu wollen.

Als das besagte Treffen näher rückte, war ich sehr aufgeregt, wahrscheinlich auch, weil ich meinem ‚Noch-Freund' nichts davon erzählt hatte. Ich traf Faba in Hamburg, ca. 40 km von meinem damaligen Wohnort entfernt. Er wählte ein Restaurant aus, das sich als eines der besten herausstellte, das ich je besuchen würde. Ich war sehr aufgeregt, da ich etwas zu spät kam. Als ich ihn schließlich sah, war ich leicht enttäuscht. Die Fotos, die er mir geschickt hatte, waren definitiv nicht aktuell gewesen. Da ich nun aber schon dort war, wollte ich es auch durchziehen. Schnell stellte sich heraus, dass Faba sehr charismatisch war, und binnen kürzester Zeit waren wir ‚auf einer Wellenlänge'. Er faszinierte mich mit dem, was er sagte und wie er sich benahm. Er war ein absoluter Gentleman, sehr rücksichtsvoll und zuvorkommend. Faba kannte sich in allen aktuellen Themen aus und wusste stets, wie er das Gespräch noch interessanter gestalten konnte. Nach vier Stunden, das Restaurant leerte sich erheblich, beschlossen wir einen Spaziergang am Hafen zu unternehmen. Er bestand darauf, mit seinem Auto zu fahren, und wir stiegen in seinen Sportwagen. Wer schon einmal am späten Abend am Hamburger Hafen war, der weiß, wie sehr diese Industrie-Romantik auf einen wirken kann. Dazu kam, dass ich in Faba wohl einfach meinen ‚Retter' sehen wollte, der mich aus meiner verfahrenen ‚alten' Beziehung befreite. So geschah es, dass ich mich an jenem Abend, beim ersten Treffen, schon Hals über Kopf in Faba verliebte.

Am nächsten Morgen beschloss ich, meinem Freund endlich reinen Wein einzuschenken und von Faba zu berichten. Unsere Beziehung hatte keinen Zweck mehr; nachdem ich Faba getroffen hatte, war mir klar geworden, dass ich keinen Tag länger mehr mit meinem Freund zusammen sein konnte. Bereits am nächsten Tag zog ich übergangsweise zu meiner Mutter und traf Faba regelmäßig. Doch selbst in meiner Verliebtheit fragte ich mich und dann auch ihn, warum wir uns nie bei ihm, sondern immer nur in Hotels trafen. Faba antwortete darauf, dass sein Haus gerade umgebaut würde. Ziemlich schnell stellte sich jedoch heraus, dass er nicht im eigenen Haus, sondern zusammen mit seinen Eltern wohnte. Obwohl Faba damals schon weit über zwanzig Jahre alt war, nahm ich alles hin und zog nach kurzer Zeit sogar in das Haus seiner Eltern mit ein. Ich glaubte fest daran, mit ihm zusammen alles schaffen zu können ...

Uns war klar, dass das keine Dauerlösung sein konnte, und wir planten unser eigenes Heim. Faba wollte entweder eines für uns oder für seine Eltern bauen, damit wir deren Haus übernehmen konnten. Zum damaligen Zeitpunkt klangen seine Worte in meinen Ohren nach Tatendrang und nicht nach Größenwahn. Um das Hausprojekt zu realisieren, wollten wir Eigenkapital generieren und gründeten zwei Firmen – jeweils mit mir als Geschäftsführerin. Mich störte das nicht – Fabas Strafakte ließ es nicht zu, dass er die Geschäftsführung übernahm. Dass mich das nicht stutzig machte ... Aber da wusste ich ja auch noch nicht, dass Faba schon einige Firmen vor unseren gegründet hatte, um diese dann ‚gegen die Wand zu fahren' und Gelder entweder zu waschen oder zu veruntreuen. Raten Sie einmal, was mir später passierte ...

Erst einmal hatten wir jedoch plötzlich mehrere Sportwagen vor der Haustür. Wir lebten wie die Maden im Speck, wobei Faba immer darauf achtete, dass ich im Sale einkaufte, während er sich alles Mögliche von Louis Vuitton gönnte. Unsere Arbeitsteilung sah so aus, dass ich die Arbeit in den Firmen übernahm, während er die Firmengelder buchstäblich verschleuderte. Unsere Beziehung war längst nicht mehr so harmonisch wie am Anfang. Wir stritten ständig, ich bekam ihn kaum noch zu Gesicht, und er bewachte regelrecht sein Handy. Alkohol-Exzesse folgten und ich bekam das Gefühl, dass Faba nicht mehr Herr über sich selbst war. Als ich ihn schließlich Wochenende für Wochenende in seinem Urin liegend fand, riss mein Geduldsfaden – und endlich wachte ich auf.

Ich wollte herausfinden, was er zu verbergen hatte, und kontrollierte schließlich sein Handy, als er wieder betrunken im Bett lag. Was ich dort fand, riss mir den Boden unter den Füßen weg: Er hatte Kontakt zu sehr vielen Frauen und versprach diesen das Blaue vom Himmel, er sammelte Unmengen an Fotos von diesem Damen und pflegte regen Kontakt zu ihnen, während er mit dem Hund Gassi ging oder in Cafés herumlungerte und ich in der gleichen Zeit arbeitete. Ich fühlte mich verraten und gedemütigt. Ich saß seit Monaten von früh bis spät über den Firmen-Akten, während er sich mit anderen Frauen vergnügte und das Geld verprasste. Ich begann, sämtliche elektronischen Geräte (und wir besaßen viele Apple-Produkte, die er jedoch nie bezahlt hatte) zu überprüfen. Die Ergebnisse behielt ich vorerst für mich, denn ich brauchte einen Plan. Ich kannte Faba. Er würde eher für immer auswandern, als sich seine Schuld einzugestehen. Er lebte in einer Art Scheinwelt, in der er der König war. Es wurde immer klarer, dass er dem Größenwahn verfallen war. Dass dies im ersten Moment auf einen Außenstehenden besonders aufregend wirken konnte, hatte ich am eigenen Leib erfahren. Dass dies auf Dauer nicht zu ertragen ist, auch.

Faba fand immer wieder neue Projekte, auch wenn er sie nie selbst umsetzte, und hatte so auch die glorreiche Idee, eine heruntergewirtschaftete Diskothek zu übernehmen. Er sah sich bereits als den großen Clubbesitzer, auch wenn er nie zuvor in seinem Leben in der Gastronomie tätig gewesen war und sich mit dem Geschäft überhaupt nicht auskannte. Aber er hatte ja eine Person, die tatsächlich arbeitete – mich. So blieben die Dinge wieder einmal an mir hängen. Faba vergnügte sich und prahlte, und ich fühlte mich einmal mehr einfach nur benutzt und hintergangen. Wut stieg in mir auf. Doch Faba in seinem Rausch merkte nicht, was sich in mir zusammenbraute.

Neben der Betreuung seiner Firmen arbeitete ich nach wie vor in meinem ‚normalen' Job als Freiberuflerin weiter, allerdings sehr reduziert – schließlich hatte ich die Dinge seiner Firmen zu regeln. Als eine Feier meiner Dachfirma anstand, weigerte sich Faba, mich zu dieser in seinen Augen ‚langweiligen und spießigen' Party zu begleiten. An dem Abend ertränkte ich meinen Kummer in viel zu viel Wein.

Wieder zu Hause, brach es aus mir heraus. Betrunken, wütend und betrogen blätterte ich alles auf den Tisch, was ich über Faba herausgefunden hatte: dass er eine sehr enge Beziehung zu der Bankangestellten pflegte, die unsere Geschäftskonten verwaltete. Dass ich über seine Frauengeschichten Bescheid wusste. Dass er über eigene Bankkarten verfügte und das Geld nur so herausschleuderte und veruntreute. Dass er mich als Geschäftsführerin ausgetrickst hatte, damit ich unbedarft Dokumente unterschrieb, die unter anderem die Dispositionskredite unserer beider Konten um 500.000 Euro erhöhten. Dass ich auf Mahnungen und sogar eine Zwangsvollstreckung gestoßen war, die er auf meinen Namen laufen lassen hatte. Ich schrie und beschuldigte und ließ all das heraus, was mich die ganze Zeit über belastet hatte.

So wie an jenem Abend hatte ich Faba noch nie erlebt. Er war außer sich, schien aber nicht wahrhaben zu wollen, dass sein Lügenkonstrukt gerade zusammenbrach. Es kam in jener Nacht sogar zu Handgreiflichkeiten.

Am nächsten Morgen war er verschwunden.

Für mich war das in Ordnung. Ich war fertig mit ihm. Als ich in mein Portemonnaie schaute, war es leer. Das bedeutete, dass ich nicht mal zu meiner Mutter fahren konnte. Glücklicherweise bot eine Bekannte mir ein Zimmer in ihrem Haus an. Von dort aus konnte ich alle Konten sperren, die sonstigen Bankangelegenheiten klären und seinen Eltern erzählen, was passiert war. Faba blieb verschwunden.

Beim Blick in die Kontoauszüge stellte sich heraus, dass ich Glück im Unglück hatte: Faba hatte zwar das gesamte Geld ausgegeben, hatte den 500.000-Euro-Dispokredit jedoch nicht in Anspruch genommen. Ich konnte die Konten schließen – ohne Schulden. Was für eine Erleichterung. Dennoch war ich am Ende. Ich besaß keine Kraft mehr, und ich war restlos blank. In meiner Not beschloss ich, mich an Fabas Vater zu wenden, mit dem ich mich immer gut verstanden hatte, und ihm die Zahlen zu zeigen. Dieser war so schockiert, dass er einen gewaltigen Schluck Wodka trank und sagte, dass Faba nicht mehr sein Sohn sei. Er gab mir eine kleine Summe Bargeld, damit ich einige dringende Rechnungen bezahlen konnte, und ich bekam von ihm von da an regelmäßig eine kleine monatliche Unterstützung.

Als Faba wieder auftauchte, wollte er nur über eine Bekannte mit mir kommunizieren. Er hatte ein schlechtes Gewissen und hinterließ 100 Euro für mich bei ihr. In dem Moment brach ich zusammen. Schlagartig wurde mir bewusst, in welcher Situation ich steckte. Die Existenzängste raubten mir den Schlaf, an essen war nicht zu denken. Mich quälten unzählige Fragen: Wie hatte es so weit kommen können? Hätte ich nicht merken müssen, was da ablief? Hatte Faba all das von Anfang an geplant? Wohin würde mich das führen? Müsste ich ins Gefängnis? Wo sollte ich hin ohne Geld? Wie sollte ich die Rechnungen bezahlen? Was würde meine Mutter sagen?

Ich hatte keine Kraft mehr in meinem Körper, und so kam es, dass ich mich sechs Wochen lang nicht bewegen konnte. Ich war bereit zu sterben. Für mich gab es keinen anderen Ausweg und ich flehte Gott an, mich zu sich zu holen. So wollte ich nicht leben. Ich hatte vor Kummer und Sorge bereits 12 Kilo in 6 Wochen verloren, nun entwickelte ich zudem noch eine Essstörung. Auch wenn meine Bekannte meinen Verfall erkannte und mich zum Essen zwang, nahm mein Körper die Nahrung nicht mehr an, so, als wolle er mich nicht mehr am Leben halten.

Eines Abends, es war sehr spät in der Nacht, weckte mich ein fürchterliches Gewitter. Wer mich kennt, weiß, dass ich schreckliche Angst vor dieser Naturgewalt habe. Da ich körperlich nicht in der Lage war, zu fliehen oder mich zu verstecken, musste ich mich der Situation stellen. Mir gingen unzählige Horrorszenarien durch den Kopf, was alles passieren könnte. Doch das Gewitter zog vorüber, und ich schlief erschöpft und unbeschadet ein. Um fünf Uhr morgens traf es mich – buchstäblich wie ein Blitz aus heiterem Himmel: Ich fuhr aus dem Schlaf, riss meine Augen auf und war hellwach. Was genau mit mir in jener Nacht passierte, kann ich nicht beschreiben, aber ich erinnerte mich plötzlich an alle schrecklichen Situationen, die ich schon gemeistert hatte, und sagte laut zu mir selbst: ‚Hör auf zu heulen, du schaffst das!' Ich wollte mich nicht mehr in Selbstmitleid baden oder mich fragen, warum mir das Ganze passiert war. Mir wurde klar, dass ich meinen Zustand ändern wollte, mit allem, was mir zur Verfügung stand. Tatsächlich war nur ich es, die etwas ändern könnte.

Auch wenn mir vor Schwäche schwindelig war, stand ich mühsam auf, schlich nach unten und schaltete zum ersten Mal nach langer Zeit wieder meinen Computer an. Ich begann mein Leben wieder selbst zu kontrollieren. Binnen kürzester Zeit arbeitete ich wieder voll, bezog meine eigene Wohnung und fuhr mein eigenes Auto.

Es hat lange gedauert, mich von der Sache mit Faba wirklich zu erholen, aber es ist mir gelungen. Heute bin ich ‚drüber weg' und kann über einige Anekdoten aus dieser Zeit lachen. Ich habe es geschafft und meine Energie wiedergefunden. Ich vertraue mir wieder. Wir Menschen sind robuster, als wir manchmal denken. Stärke finden wir in uns selbst, und ich bin mir sicher, dass jeder, wirklich jeder alle schweren Situationen meistern kann."

Vertrauen: ein kleines Wort, doch große Wichtigkeit – die Geschichte von Daniela L.

Vorwort von Daniela:
Meine Namensvetterin Daniela Lupardini beeindruckt mich stets aufs Neue! Sie ist Mutter von vier Kindern, Eigentümerin von vier Pferden und Vollblutunternehmerin mit mehreren Firmen. Auf die Frage, wie sie das alles macht und managt, antwortet sie stets leichthin: „Ist doch nichts Besonderes, ich mache einfach nur." Und genau das ist es, was an ihr so besonders ist! Wie viele Menschen planen und planen und planen, und am Ende kommt nichts dabei raus. Viele sehen nur die Hindernisse und Probleme, jedoch keine Lösungen.

Daniela wird nächstes Jahr ein eigenes Buch über ihre Geschichte veröffentlichen. Umso mehr habe ich mich über ihre Bereitschaft gefreut, schon jetzt einen kleinen Teil davon zu meinem Buch beizusteuern. Denn für mich ist sie eine großartige Mutter, eine absolute Macherin, eine erfolgreiche Unternehmerin und vor allem eines: ein wunderbarer Mensch. Und ich bin froh, sie zu meinen Freunden zählen zu dürfen.

Machen und Vertrauen – das ist Danielas Geheimrezept. Auch wenn die Startvoraussetzungen alles andere als gut sind. Doch lesen Sie selbst:

Daniela L.: „Als Daniela mich fragte, ob ich einen Teil ihres Buches mit meinen Erfahrungen füllen möchte, war ich zuerst begeistert, dann skeptisch und dann fragte ich mich, ob ich wirklich so besonders bin?! Ich war schon immer ein Weltmeister darin, Dinge zu hinterfragen, vor allem wenn es um mich geht – aber ich behaupte, ich bin lernfähig! Auch wenn das Lernen immer so eine Sache ist – meist passiert es nämlich genau dann, wenn man der Meinung ist, dass man gerade etwas ganz anderes macht. Das Leben wird vorwärts gelebt, aber rückwärts verstanden!

Deshalb nehme ich Sie mit auf eine kleine Reise in meine Vergangenheit, eine Reise zu dem Lebensabschnitt, in dem ich erkannte, dass alles, was uns im Leben passiert, einen Sinn hat: den Sinn, genau das jetzt zu erleben, zu erfühlen und schlussendlich daraus zu lernen und daran zu wachsen.

1996. Ich war 16 Jahre alt und trennte mich gerade von meinem Freund, mit dem ich damals bereits zusammenlebte. Ich wollte zu meiner Mutter zurück, doch das ließ ihr damaliger Freund, der auch verantwortlich für meinen so frühen Auszug war, nicht zu. Zum Glück lernte in dieser Zeit eine junge Frau kennen, Petra, die mich fragte, ob ich nicht erst mal bei ihr und ihrem zweijährigen Sohn unterkommen wolle. Erfreut zog ich bei meinem Exfreund aus und bei ihr ein.

Es gefiel mir bei Petra und ihrem Sohn – endlich war ich mein eigener ‚Herr'. Ich konnte kommen und gehen, wann ich wollte, ich konnte machen, was ich wollte. Ich war frei – ich hatte nur die Kleidung, die ich trug, und einen Rucksack mit Wechselklamotten und Waschzeug. Das war alles. Ich trieb mich oft mit den ‚Punks' der Stadt am Platz vor dem Einkaufszentrum herum oder im Park, ließ mich treiben von den Dingen, die da passierten. Ich lernte viele Leute kennen – einige beeindruckten mich sehr, andere schreckten mich so ab, dass in mir alles rief: ‚Hier gehörst du nicht hin!'

Es fühlte sich gut an, nichts mehr zu ‚müssen', niemandem irgendetwas erklären zu müssen, sich nicht rechtfertigen zu müssen. Petra stellte keine Fragen. Und doch wusste ich, dass mein Leben nicht ewig so weitergehen würde; tief in meinem Inneren spürte ich eine Sehnsucht nach Anerkennung, nach Erfolg. Ich genoss die Zeit in vollen Zügen, aber ich vertraute auch darauf, dass ich meinen Weg gehen und finden würde.
Eines Abends, als ich in Petras Wohnung kam, waren zwei Männer dort. Bis zu dem Zeitpunkt hatte ich nicht wirklich verstanden, was sich täglich in der Wohnung abspielte, doch dann fragte mich einer dieser Her-

ren, wann wir denn mal shoppen gehen würden, er hätte einen super Job für mich, mit dem ich – so wie ich aussähe – richtig viel Geld verdienen könne. Ich dachte zuerst: ‚Prima! Shoppen ist cool, und ein Job klingt auch nicht so verkehrt!' Denn Geld hatte ich ja keins. Ich fragte naiv, was ich denn genau machen solle, und er meinte: ‚Ach, du siehst gut aus, mit der passenden Wäsche ist das ein Selbstläufer.' Ich müsse halt nur den Männern zur Verfügung stehen. Das Geld für die Wäsche könnte ich ihm dann zurückzahlen. So langsam verstand ich, was er wirklich von mir wollte. Petra war eine Prostituierte.

An jenem Abend verließ ich Petras Wohnung. Zu abschreckend war der Gedanke, für Geld mit Männern zu schlafen. Ich traf sie noch ab und zu bei unseren gemeinsamen Bekannten und übernachtete mal hier und mal dort. Wovon ich gelebt habe? Ganz einfach: von dem, was die Gemeinschaft so hergab. Es wurde alles ganz selbstverständlich geteilt. Es wurde nie infrage gestellt, alles gehörte allen.

Ich glaube aus heutiger Sicht sagen zu können, dass diese ‚Geschichte' mich sehr geprägt hat. So merkwürdig es klingen mag: Noch heute gibt sie mir Sicherheit. Ich war so tief gefallen, war ganz unten, hatte nichts, und ich war so wunderbar zufrieden. Ich habe gelernt: Ich brauche nichts im Leben außer dem Gefühl, gerade das Richtige zu tun. Wir leben für Emotionen! Wir wollen erleben! Ich habe gelernt: Ich kann mich auf mich selbst verlassen. Ich wusste auch damals genau, was ich wollte und was nicht, und ich vertraute darauf, dass alles gut würde. Dass ich meinen Weg finden und gehen würde. Vertrauen, Selbstvertrauen, in andere vertrauen – alles Wörter, die die Welt bedeuten und die sie zum Einsturz bringen, wenn man sie verliert.

Wer jetzt allerdings denkt, mein Leben sei danach in geregelten Bahnen verlaufen, der irrt sich gewaltig! Mehr dazu verrate ich in meinem Buch, das voraussichtlich nächstes Jahr auf den Markt kommen wird."

Der Weg in die Insolvenz und das Lösen der inneren Zwangsjacke – die Geschichte von Ingo

Vorwort von Daniela:
Als ich Ingo Caspar kennenlernte, stellte sich schnell heraus, dass wir ein paar Parallelen in unseren Lebensgeschichten haben. Auch Ingo hat einige Hürden im Leben mit seiner Ruhe und seinem besonderen Umgang mit den eigenen Konflikten gut gemeistert. Daraus entwickelte sich eine große Stärke: „Ein Fels in der Brandung", „die Ruhe im Sturm" sind Umschreibungen, die gut zu ihm passen. Er hat die Gabe, sich komplett auf einen Menschen einzulassen und einen konfliktreichen Weg begehbar zu machen. Seine Geschichte zeigt aber auch, dass Entwicklung immer ein Prozess ist. Wir werden immer wieder auf die Probe gestellt. Haben wir etwas gelernt? Wie gehen wir mit neuen Schwierigkeiten um? Doch lesen Sie selbst:

Ingo: „Mein Weg in die Insolvenz war lang und hart. Er hat mich vor allem eins gelehrt: dass ich mich auf mein Bauchgefühl vollends verlassen sollte.

Wann genau dieser Weg begann, kann ich heute gar nicht mehr genau sagen. Wahrscheinlich in dem Moment, als ich nicht stutzig wurde, dass ein ehemaliger Kollege sich nach langen Jahren wieder bei mir und meiner damaligen Frau meldete und uns euphorisch verkündete, er könne uns helfen, eine Menge Geld zu sparen. Mein Kollege war damals im Bereich der Finanzdienstleistung tätig, und da meine Frau und ich gerade mitten in der Familienplanung waren und dafür eine größere Wohnung bezogen hatten, schien uns die Aussicht auf etwas zusätzliches Geld verlockend. Außerdem wollten wir nicht unhöflich sein. Also vereinbarten wir einen Termin und ließen uns beraten.

In dem Gespräch wurde unsere Neugier geweckt, wir waren jung und ahnungslos und sehr angetan von den Möglichkeiten, unser Geld für uns arbeiten zu lassen. Zu einem weiteren Termin trafen wir uns in der Zentrale der Firma meines Kollegen. Dort nahm sich der Chef höchstpersönlich Zeit für uns und erklärte uns die Tücken auf dem Finanzmarkt und womit wir als junge Familie am besten unser Geld anlegen könnten, um eine gute Rendite und natürlich Steuerersparnisse zu erhalten. Beindruckt ließen wir uns schnell einen Immobilienfonds für damals 60.000 DM andrehen.

Im Laufe der nächsten Jahre lief das auch gar nicht so schlecht, in den ersten zwei Jahren erhielten wir sogar etwas von der Steuer wieder vom Finanzamt zurück.

Meine damalige Frau wollte sich in jener Zeit beruflich verändern, und da meine Mutter gerade eine zuverlässige Unterstützung für ihren privaten Kindergarten suchte, begann sie dort als Tagesmutter. Damals war meine Mutter absolute Pionierin auf diesem Gebiet, es gab nur sehr wenige Alternativen zu den staatlichen Kindergärten, und die Nachfrage nach Betreuungsplätzen bei ihr war groß. Meine Mutter hatte enormen Erfolg. Mein Bauchgefühl sagte mir, dass Familie und Beruf am besten zu trennen seien, dass sich meine Frau lieber eine andere Stelle suchen sollte, doch es nahm seinen Lauf.

Die ersten Jahre war es für meine Mutter und meine Frau dann auch eine gewinnbringende Partnerschaft, und meine Mutter beschloss zu expandieren. In der festen Annahme, dass die behördlichen Genehmigungen dazu schon gegeben würden, mietete sie eine passende Immobilie für ihren Kindergarten. Die Mühlen der Bürokratie mahlten jedoch zu langsam, die Zeit verging, die Genehmigungen kamen nicht, und das eigene Geld wurde knapp. Meine Mutter musste nach Investoren oder Kreditgebern suchen. Die ersten Schulden wurden gemacht. Die Kosten bei einer solchen Einrichtung vor allem im größeren, nicht mehr häuslichen Rahmen sind immens und fraßen die relativ geringen Einnahmen langsam aber sicher auf.

Irgendwann musste meine Mutter einsehen, dass es keinen Sinn mehr machte, den privaten Kindergarten weiterzuführen, denn das Finanzamt übte Druck aus. Meine Mutter meldete Insolvenz an. Der Insolvenzverwalter machte ihr schnell klar, dass er keine Möglichkeit sähe, das Inventar gewinnbringend zu verkaufen. Also fragte er meine damalige Frau und mich, ob wir dieses nicht kaufen und damit das Geschäft übernehmen wollten. Mein Bauchgefühl rief laut: ‚Nein, mach das nicht, niemals, nein, nein, nein!' Doch dann waren da die Angestellten, meine Mutter, die vielen Eltern und die Kinder, und nicht zuletzt auch mein kleiner Sohn, der sich sehr wohl in diesem Hause fühlte. Und trotz aller Bedenken übernahmen wir das Geschäft, der Kindergarten konnte weitergeführt werden. Doch die Machtverhältnisse hatten sich verschoben, meine Mutter war nicht mehr Chefin, und die Auflage von der Stadt war sogar, dass sie keine verantwortliche Mitarbeiterin mehr sein dürfe.

Meine Frau wurde die Chefin des Hauses und musste auf einen Schlag viel Verantwortung übernehmen, meine Mutter war entmachtet, in die zweite Reihe gerückt und hatte ihr Lebenswerk verloren. Dies muss am Selbstwert ganz schön genagt haben. Doch wir schwiegen diese Probleme und Belastungen tot, gingen einfach über zum ‚business as usual'. Ein großer Fehler. Bald schon spitzte sich die finanzielle Situation erneut zu, es gab überall nur noch das Thema Kindergarten, im Feierabend, in der Freizeit, kaum waren alle in ihren vier Wänden, klingelte das Telefon und es musste über den Tag und über die Geschehnisse gesprochen werden, aber auch dann nur an der Oberfläche. Wir sprachen nie über Themen, die wirklich wichtig waren, über unsere Bedürfnisse und Gefühle. Der Druck lastete schwer auf meiner Frau; ich merkte, dass es ihr immer schlechter ging. Die gegenseitigen Vorwürfe zwischen meiner Mutter und meiner Frau wurden lauter, die ersten Intrigen wurden gesponnen.

Auch unsere Ehe litt stark darunter; wir ‚funktionierten', konnten und wollten aber über uns, über die wichtigen Dinge nicht mehr sprechen.

So kam es, wie es vielleicht kommen musste: Bald lag unsere Ehe in Scherben. Es gab kein Miteinander mehr, unser Traum von unserer kleinen Familie war zerstört. Ich zog aus der gemeinsamen Wohnung aus. Von dem Moment an war es für mich die Hölle, und ich hatte keine ruhige Minute mehr. Andauernd ging das Telefon: Erst war es meine Mutter, die mir die Fehler meiner Frau berichtete, dann meine Frau, die sich über meine Mutter beschwerte, und zudem noch Kollegen, die anriefen und mir erzählten, dass die beiden sich fast an die Gurgel gingen. Ich musste permanent schlichten (gut, dass ich zu diesem Zeitpunkt schon Deeskalationstrainings in vielen Krankenhäusern durchgeführt hatte).

Ich war damit voll ausgelastet und kümmerte mich kaum mehr um anderes. Die Verantwortung für das Geschäft verlagerte ich komplett auf meine Frau, obwohl ich sah, dass sie damit vollkommen überfordert war. Wir ließen uns scheiden.

Das erste Warnsignal kam dann mit der Post. Wir hatten einige Dinge aufgeteilt und die finanzierende Bank von unseren Fonds meldete sich bei mir. Die Verträge für die Zinsfestschreibung seien nicht eingegangen und sie hätten den Kreditvertrag nun gekündigt. Dies sei dann auch der Schufa gemeldet und sie hätten jetzt gerne die Summe von 36.000 Euro von uns. Es war also an der Zeit, sich mal wieder um die Fonds zu kümmern, denn das hatte ich all die Jahre nicht mehr getan. Ich erkannte mit Schrecken, dass der Fonds selbst nichts mehr wert war, da die ausgebende Firma schon lange insolvent war, und dass die Kapitalanlage völlig wertlos und falsch berechnet worden war. Die Bank versuchte dann auch vergeblich, die 36.000 Euro einzuziehen. Meine Schufa bestätigte direkt den Eintrag, doch die Bank ließ nicht mit sich reden, obwohl jede Rate etc. bezahlt wurde. Nur wegen einer nicht geleisteten Unterschrift auf einem Vertrag wurde ich zu einem finanziellen Menschen zweiter Klasse degradiert. Der Mechanismus griff dann auch recht schnell: Meine Bank kündigte sofort meinen Dispo, meine Kreditkarte wurde gesperrt.

Doch das Highlight sollte erst noch kommen, einige Tage später. Auf einmal meldete sich das Finanzamt bei uns. Um die hatte ich mich in der ganzen Geschäftszeit nicht gekümmert, ich war der Ansicht gewesen, das liefe schon alles von allein. Doch leider zeigte sich auch hier, dass alles, was man verbockt, auch auf einen zurückfällt. In der ganzen Zeit des Troubles war offensichtlich keiner in der Familie in der Lage gewesen, sich adäquat um das Finanzielle zu kümmern. Es war über Jahre keine Steuererklärung abgegeben worden. Das Finanzamt war dann schnell – es folgten Hausdurchsuchungen, die Sperrung von allem, was man so braucht, und dann wurden die Forderungen aufgestellt.

Zuerst dachte ich nur: ‚Alle anderen sind schuld, in erster Linie meine Mutter, weil die mir diesen Laden aufs Auge gedrückt hat, dann meine Ex-Frau, weil sie sich nicht gekümmert hat und mir meine Familie weggenommen hat.' Doch dann erkannte ich: Der Einzige, der für meine Lage verantwortlich war, war ich selbst. Ich hatte keine Verantwortung übernommen, ich hatte nicht auf mich, auf mein Bauchgefühl gehört, war nicht für meine Meinungen eingestanden und hatte weggesehen. Ich hatte an der einen oder anderen Stelle meine Ex-Frau allein gelassen und mich nicht genug um sie gekümmert. Ich hatte auf dieser Ebene versagt.

Es kam eine Zeit des Trauerns, des ‚Was soll nun werden?'.
Dann kam die Zeit der ungeöffneten Briefe, die sich in der Farbe Gelb im Briefkasten häuften. Die Zeit des ‚Kopf-in-den-Sand-Steckens'.

Es verging eine Weile, bis die Zeit kam, in der ich mir eingestand, dass ich Hilfe brauchte, dass ich bereit war, Hilfe anzunehmen, denn ich wollte mir nicht eingestehen, bankrott zu sein. Ich konnte doch nichts dafür, ich hatte doch immer brav alles gemacht, warum ich?

Als ich bereit war, Hilfe zuzulassen, konnte ich in all meinem Elend etwas sehr Schönes feststellen: Mir halfen plötzlich Menschen, von denen ich es nie erwartet hätte. Leider zeigten meine gefühlten Freunde eher großes Desinteresse. Es gab Menschen, die mir den Kühlschrank füllten, die mir Autos liehen, die mich auch finanziell unterstützten und denen ich manchmal auch wehtun musste, weil ich nicht die Stärke hatte, ihnen die Wahrheit zu sagen. Ich habe mich in dieser Zeit oft von Notlüge zu Notlüge gerettet, was die innerliche Scham nur verstärkt hat.

Ich lag am Boden, tat mir selbst leid. Die Frage nach dem Sinn des Lebens stellte sich, ich war bankrott, hatte keine Familie mehr, sah meinen Sohn nicht mehr jeden Tag ... Hatte das alles überhaupt einen Sinn? Die Albträume wurden immer stärker und der eigene Antrieb schwand, ich merkte, wie mein Körper immer schwächer wurde, wie ich am liebsten nur noch vom Bett auf die Couch gehen wollte. An einem Tag lag ich in meinem Bett und dachte so vor mich hin und der Gedanke kam, was wäre eigentlich, wenn du nicht mehr da wärst und so am besten allen Problemen aus dem Weg gehen könntest? Doch direkt als ich diesen Gedanken hatte, erschrak ich vor mir selbst: ‚Bist du verrückt? Es ist nur Geld, es sind nur Besitztümer, du hast Familie und du hast Verantwortung.'

Also schaute ich in den Spiegel und schaute ganz genau hin: ‚Welcher Mensch willst du sein? Der vor sich hin jammert und sich leidtut und auf der Couch liegen bleibt und den Kopf in den Sand steckt, der allen die Schuld gibt, nur sich selbst nicht, oder willst du aufstehen, wieder Verantwortung für dein Leben übernehmen und dem Schicksal die Stirn bieten? Ingo, wer willst Du sein?' Diese Frage stellte ich mir im Spiegel und begann auch zu verstehen, dass ich alleine die Verantwortung für mich habe und auch die Verantwortung habe, mich dieser Herausforderung des Lebens zu stellen.

‚Die Fragen deines Lebens bestimmen die Qualität deines Lebens', sagt der amerikanische Trainer Tony Robbins, und so stellte ich mich meinen Fragen. Die Antwort war klar: Du brauchst professionelle Hilfe. Viel tiefer konnte es nicht mehr gehen!

Also suchte ich einen Schuldenberater und einen Psychologen auf. Ich beschritt alle Wege und merkte, wie gut es doch ist, in Deutschland zu leben: Hier wirst du nicht verhungern, du musst nicht auf der Straße landen, und wenn du mit den Menschen anfängst zu sprechen, sind 90 % wirklich freundlich und hilfsbereit.

Eine weitere wichtige Lernerfahrung aus dieser Zeit ist: Verurteile nie einen Menschen, dessen Geschichte du nicht aus eigener Perspektive kennst, denn selbst, wenn er sie dir erzählt, weißt du nie, ob diese komplett erzählt worden ist.

Und die wichtigste Lernerfahrung zu dieser Zeit war: Du kannst alles schaffen, wenn du offen bist, wenn du an dich glaubst und vor allem, wenn du auf dich hörst und dich auf deine Stärken konzentrierst.

Ich habe gelernt, offen mit dieser Zeit umzugehen und darüber zu reden. Ich habe schnell festgestellt, wie viele Menschen ähnliche Geschichten zu erzählen haben oder wie viele Menschen in ähnlichen Situationen einfach feststecken oder den Mut des Lebens verlieren.

Es fängt alles mit den eigenen inneren Konflikten oder, wie ich sie nenne, den eigenen ‚inneren Zwangsjacken' an. Innere Zwangsjacken können die unterschiedlichsten Blockaden sein, die wir als Mensch uns teilweise selbst auferlegen, die aber auch über Generationen vererbt werden können oder durch direkte Bezugspersonen einem mitgegeben werden. Es gibt zum Beispiel Ängste, die einem rational nicht erklärbar sind, und wenn in der Biografie der Familie gesucht wird, gibt es oft einen Indikator in einer Generation davor, der einem dann mit in die Wiege gelegt worden ist. Oder es sind die Eltern, die einem zum Beispiel immer wieder erzählen, wie gefährlich eine Biene doch sei, und immer, wenn eine Biene kommt, in Panik verfallen. So kann es sein, dass diese Angst übertragen wird.

Eine innere Zwangsjacke können aber auch die eigenen Gedanken sein, wenn ich mir jeden Tag einrede, nichts wert zu sein oder alle anderen seien wichtiger, denn dann werde ich das mit Haut und Haaren irgendwann glauben. In den meisten Fällen zeigt mir dann das Leben, dass ich mit dieser Einstellung recht behalte, eine sogenannte sich selbst erfüllende Prophezeiung. Hier gibt es noch viele Zwangsjacken, die uns beschränken können und die es aus meiner Sicht zu entlarven gilt. Es braucht vielleicht ab und zu den Boden der Tatsachen, um sich seinen Dämonen zu stellen, um dann in den Spiegel zu schauen und zu sagen: „Jetzt bin ich dran, jetzt gehe ich endlich meinen Weg."

Ich trainiere heute Firmen, Einzelpersonen und Familien als Unternehmensberater für effektives Konfliktmanagement. Ich arbeite als Wirtschaftsmediator und habe meine absolute Erfüllung gefunden. Heute schaue ich wesentlich schneller in den Spiegel, stelle mich wesentlich früher meinen Themen. Meine inneren Dialoge, meine ‚inneren Zwangsjacken', versuchen mich auch heute noch von Zeit zu Zeit runterzuziehen, doch ich bin jetzt vorbereitet. Ich weiß, wie ich ihnen begegnen muss.

Glücklich sein und an sich glauben ist wie ein Muskel, der täglich trainiert werden will. Die inneren Zwangsjacken lassen es aber nicht immer zu, weil es oft einfacher ist, sich diesen einfach hinzugeben und zu jammern. Verstehen Sie mich nicht falsch: Jammern an der richtigen Stelle tut manchmal richtig gut. Wichtig ist zu erkennen, bis wann es guttut und wann es uns runterzieht.

Den täglichen Dialog mit uns selbst positiv zu gestalten, ist eine Trainingssache und kann auch schnell langweilig werden. Trotzdem ist dieser Dialog so wichtig für das eigene Leben. Es lohnt sich, den inneren Schweinehund zu überwinden und jeden Tag gut mit sich selbst zu reden, sich auch für die kleinen Dinge des Lebens zu loben, sich selbst wertzuschätzen. Die Welt, in der wir uns bewegen, hat viele schöne Dinge, das Ich, das uns ausmacht, hat viele schöne Dinge, wir müssen nur lernen, sie wieder zu sehen, und dies liegt in Ihrer Hand. Fangen Sie damit an, sich selbst zu unterstützen, denken Sie an sich wie an Ihren besten Freund und nehmen Sie dieses Gedankengut mit in Ihre tägliche Gedankenwelt. Sie werden sehen: Am Anfang ist dies nicht einfach, aber je bewusster Sie mit sich selbst umgehen, umso schneller werden Sie erste Erfolge verspüren und merken, welch wunderbarer Mensch Sie doch sind.

Das eigene Ich zu mögen, sollte selbstverständlich sein. Wenn wir ehrlich zu uns selbst sind, dann würden wir so, wie wir manchmal mit uns selbst reden, niemals mit unseren Freunden reden, denn sonst stünden wir wahrscheinlich schnell alleine da. Werden Sie sich bewusst, wie Sie mit sich selbst reden – denn so, wie Sie mit sich selbst umgehen, so strahlen Sie auch nach außen, so werden Sie Ihrem Umfeld wahrgenommen. Daher macht diese tägliche Übung Sinn.

Nur so entdecken wir die inneren Zwangsjacken in uns, die uns daran hindern, so zu leben, wie wir es gerne tun wollen. Diese zu überwinden, ist oft nicht einfach, denn vieles von dem, was wir täglich mit uns machen, ist schon seit Jahrzehnten antrainiert. Schauen Sie in den Spiegel und stellen Sie sich Ihren Zwangsjacken. Wenn Bedarf ist, holen Sie sich externe Hilfe. Es gibt so viele wunderbare Möglichkeiten, zu sich selbst zu finden, und eine Reise zu sich selbst lohnt sich immer.

Es braucht nicht immer eine so einschneidende Geschichte wie meine, um dorthin zu kommen, wo man als Mensch sein will, aber für mich war dieser Tiefpunkt der Wendepunkt in meinem Leben und einer der besten Lehrmeister, die ich hatte. Der zweite Lehrmeister, den ich gerne nenne, ist der Kung-Fu Panda aus dem gleichnamigen Film. Wenn Sie Zeit haben, schauen Sie sich den Film an. Er könnte meine Geschichte erzählen.

Mehr über mich, Ingo Caspar, finden Sie unter: https://derkonfliktexperte.de."

Zuletzt noch einmal Tourette – die Geschichte von Cris

Vorwort von Daniela:
Cris Burkhardt lernte ich vor Kurzem durch Zufall kennen. Er ist bekannt aus der Serie „Ich, einfach unvermittelbar" von VOX und als Autor des Hörbuchs „Abgelehnt". Cris erfuhr, genau wie ich, erst mit Ende 20, warum er so „anders" war. Auch seine Zuckungen bekamen für ihn erst mit Ende 20 einen Namen: Tourette-Syndrom.
Dieses Buch fing mit Tourette an, und um es abzurunden, ist eine Tourette-Geschichte nun auch die letzte meiner Beispiel-Geschichten von Menschen und Schicksalen, die trotz und gerade aufgrund von Hindernissen und Lernaufgaben in der Vergangenheit heute zu Höchstleistungen fähig sind – jeder auf seine ganz spezielle Art und Weise.

Cris: „Ich war 27 Jahre alt, da ging ich zu einem Spezialisten in der Charité. Dort wurde mir auf den Kopf zugesagt, was ich habe: das Tourette-Syndrom. Einige Jahre zuvor hieß es noch, ich hätte Tics, die durch Stresssituationen ausgelöst würden. Ganz falsch war das nicht, denn das Tourette-Syndrom ist eine auf Emotionen basierende Krankheit, die mein Zucken auslösen lässt. Aber eben auch nicht ganz richtig: Durch Konzentration kann das Zucken bei mir komplett für einige Zeit verschwinden.

Ich weiß bis heute nicht wirklich, ob es eine Erleichterung ist, zu wissen, was ich habe. Auf jeden Fall aber ist dieses Wissen ein weiterer Grund, mich zu engagieren, um der Welt diese Krankheit näher zu bringen, damit sich Betroffene zum Beispiel trotz Zuckungen und vulgären Ausstößen trauen, sich in das Getümmel der Stadt zu begeben, anstatt sich zu Hause einzuschließen. Bei einigen Betroffenen sind die Symptome stärker ausgeprägt als bei anderen, und vor allem diesen fällt es schwer, sich mit dem Tourette-Syndrom in die Gesellschaft einzufügen.

Ich habe zum Glück eine ziemlich moderate Form des Tourette-Syndroms! Es äußert sich durch Grimassenschneiden, Kopfnicken und -zucken, und in seltenen Fällen gebe ich auch einige Fiep-Töne von mir. Damit kann ich leben. Meine Freunde nehmen und akzeptieren mich so, wie ich bin.

Es begann bei mir im Alter von sechs Jahren.

Ich musste einfach hüpfen. Ja, richtig: hüpfen! In einer Menschenmasse, dicht an dicht mit anderen, verspürte ich den Drang zu hüpfen. Nicht einfach nur so kurz vom Boden abheben, um auf den Zehenspitzen wieder zu landen, nein. Mit beiden Beinen hochspringen, sie mit voller Kraft gegen das Gesäß schleudern, und das Ganze drei- bis viermal hintereinander. Es war fast unmöglich zu springen, ohne dabei jemanden zu treffen. Jeder Treffer zog mühsame Entschuldigungen nach sich. Meine Eltern übernahmen das für mich, obwohl sie nicht wussten, warum ich ständig und andauernd hüpfte und hinter mich trat.

Der Druck, die Menschen, die Entschuldigungen, all das brachte mich ins Schwitzen. Mein Gesicht rötete sich vor Scham, ich hielt es kaum aus in meiner Haut. Ich wollte nur weg. Weg aus dieser unerträglichen Situation, einfach nach Hause, zurück ins behütete Wochenende, an dem ich nicht vor die Haustür gehen musste. Nur zu Hause konnte ich den Zuckungen meines Körpers freien Lauf lassen, ohne dabei von anderen Leuten angestarrt zu werden.

Wenn Tics und Krämpfe Deinen Körper beherrschen und Du die Oberhand verlierst – dann ist es ‚das Tourette-Syndrom'.

Meine Kindheit und Jugendzeit waren wirklich nicht immer ein Zuckerschlecken. Hier ein Ausschnitt aus einem ‚ganz normalen' Schultag:

Ich war gerade in die vierte Klasse gekommen. Meine Mitschüler konnten mit meinen Zuckungen nicht umgehen – heute kann ich ihnen das verzeihen, doch damals war das für mich eine äußerst ‚brutale' Zeit. Wir saßen im Deutschunterricht bei Frau Paul. Sie kündigte gerade an: ‚So, alle Hefte und Bücher kommen unter die Bank, nehmt eure Füller zur Hand, wir schreiben jetzt ein Diktat! Ruhe bitte! Ich will jetzt nichts mehr hören, seid still! Es geht los!'

Zu der Zeit war es einer meiner Favoriten unter den Tics, zu glucksen. Alles war mucksmäuschenstill im Klassenzimmer. Nur mein Glucksen ging durch den Raum. Frau Paul begann das Diktat: ‚An einem Morgen im Oktober ging Herr Müller aus dem Haus. Er nahm sein Fahrrad und ... Christian! Hörst du bitte auf, Geräusche zu machen!'

‚Ja.'

Sie diktierte weiter: „... und der Mann fuhr weiter auf der ...'

--- Glucks, glucks ---

‚Christian!!!', rief sie mit energischer Stimme. ‚Ich hab dir doch schon mal gesagt, du sollst aufhören, solche Geräusche zu machen!'

‚Aber Frau Paul', sagte ich mit bekümmerter Stimme, „dafür kann ich nichts.'

‚Wie soll ich DAS denn verstehen?'

‚Na so, wie ich es gesagt habe.'

Viele in der Klasse fingen schon an zu grinsen.

‚Ich will jetzt nichts mehr hören!', schimpfte sie.

Und nach ein paar Minuten:

--- Glucks, glucks ---

Jetzt war meine Lehrerin auf 180. ‚Christian! Wenn du das nicht ernst genug nimmst, dann kannst du ja draußen warten, bis alle anderen fertig sind. War das jetzt deutlich genug?'

‚Aber ich kann wirklich nichts dafür!'

‚So ein Quatsch!'

‚Doch! Ehrlich ...'

‚Jetzt ist Schluss! Noch EIN Ton und du gehst zum Rektor auf die Bank!'

--- Glucks, glucks ---

Jetzt lachte die ganze Klasse.

‚So, Christian, ich hatte dich gewarnt. Raus!'

Also saß ich beim Rektor auf der Bank – zusammen mit den anderen ‚Störenfrieden'.

Das war wieder einer dieser Tage, an denen ich diese Krankheit hasste. Ich habe bis heute zwar einigermaßen gelernt, damit umzugehen, aber es gibt immer noch Situationen, in denen ich mir wünschte, ich hätte sie nicht.

Das Tourette-Syndrom wechselt zwischen motorischen und vokalen Tics. Zusätzlich können ADHS, Zwänge, Angst, Depressionen und Autoaggression auftreten. Das Tourette-Syndrom mindert jedoch nicht die intellektuelle Leistungsfähigkeit. Schade, dass es damals keinen Leitfaden für Lehrer gegeben hat, der eine Differenzierung der verschiedenen Auffälligkeitsformen möglich gemacht hätte. Erschwerend kam hinzu, dass der Bekanntheitsgrad des Tourette-Syndroms Mitte der 80er-Jahre viel geringer war als heute.

Ich bekam viele Therapien. War in vielen Kliniken. ‚Platanenallee Berlin' war die schlimmste von allen ... Diese Klinik gibt es heute nicht mehr. Stattdessen sind dort sehr schöne Eigentumswohnungen entstanden. Ich war sechs Monate in dieser Klinik. Und es war die Hölle! Es war eine Klinik für ‚schwer erziehbare Kinder', die mit sich und der Umwelt nicht zurechtkamen. Für Kinder, die mit zwölf Jahren immer noch dachten, sie seien erst vier, für solche, die Butter auf den Tisch anstatt auf das Brot schmierten. Und für solche Kinder, die der Meinung waren, sie müssten auf den Flur scheißen, um nicht auf Toilette gehen zu müssen. Für diese gab es immer einen Raum, der nur mit Matratzen ausgelegt war und nur kahle weiße Wände hatte. Sie wurden in diesen Raum gesteckt und durften erst wieder raus, wenn sie sich dazu entschieden, alles wegzuwischen und zu versprechen, so etwas nie wieder zu tun. Dort war ich, und ich war dort total falsch. Tourette hat nichts mit ‚schwer erziehbar' zu tun!

Ich probierte so unendlich viel aus, doch heute weiß ich, dass es gegen das Tourette nicht wirklich etwas gibt! Ich probierte Akupunktur: Mannomann – das war ein Erlebnis: sich Nadeln in den Körper stecken zu lassen, von Kopf bis Fuß, und die ganze Prozedur auch noch über mehrere Wochen. Und bei jeder Sitzung auch noch zu probieren, ruhig zu bleiben, nicht zu zucken, nicht rumzuzappeln, kein Fingerschnipsen, kein Kopfnicken und schon gar keine Grimassen schneiden, damit sich die Nadeln nicht nach zwei Minuten wieder aus meinem Körper schüttelten. Das werde ich wohl nie vergessen ...

Dann sagte mir ein guter Freund, ich solle es doch mal mit Apfelessig probieren. ‚Wie?', fragte ich: ‚Trinken?' ‚Nein! Einreiben. Apfelessig ist ein altes Hausmittel, und es soll ein Gesundheitselixier sein für viele Faktoren im Organismus. Es heißt, man solle damit den ganzen Körper von oben bis unten einreiben und die ganze Prozedur solle ungefähr sechs bis acht Stunden dauern.' ‚Oh je', dachte ich mir, ‚soll ich das wirklich machen?' Und laut sagte ich: ‚Was soll es mir helfen?' Die Antwort: ‚Na, ist doch klar: Das Kalium im Apfelessig hat Einfluss aufs Gehirn und fördert somit auch die Nerventätigkeit.' ‚Na gut, ich werde es mal versuchen', erwiderte ich, um diesem Gespräch ein Ende zu setzen, obwohl ich dachte: ‚So ein Schwachsinn ...' Und dennoch: Ich stieg mit einer noch verschlossenen Flasche Apfelessig in die Dusche. Ich öffnete den Schraubverschluss und kippte vorsichtig etwas in den Schwamm. Dann rieb ich mich, soweit es ging, von Kopf bis Fuß mit dem kalten Essig ein. Immer wieder wiederholte ich dieses Verfahren. Nach einigen Stunden zeichnete sich auf meiner Haut schon der Effekt von dem vielen Apfelessig ab: Meine Haut fing an zu schrumpeln, aber ich zog es durch, bis ich sage und schreibe die volle Stundenzahl erfüllt hatte! Ich duschte mich ab, ging ins Bett und probierte einzuschlafen. Das war nicht gerade einfach, weil immer noch der Geruch von dem Apfelessig an mir wie eine zweite Haut klebte. Gebracht hat es – gar nichts.

Es gab durch das Tourette-Syndrom in meinem Leben sehr viele gute und böse Situationen, die ich hier nicht alle aufzählen kann – das würde den Rahmen dieser Seiten sprengen. Ich bin heute 45 Jahre alt und habe gelernt, mit meinem Defizit umzugehen und zu leben. Ich habe einen guten Job und komme mit meiner Umwelt sehr gut zurecht. Heute möchte ich meine Krankheit zu 99 Prozent nicht mehr missen, denn sie ist ein Teil von mir geworden!

Ich kann nur jedem raten: Sperrt euch nicht ein, egal, was ihr habt. Geht raus und habt keine Angst vor der Welt da draußen. Alles, was ihr gerne macht, hilft, euer Selbstbewusstsein zu stärken, und befreit euch von Ängsten.

Wir alle sind so, wie wir sind – anders als andere –, und das ist gut so!

Mehr von mir, Cris, finden Sie unter http://www.cris-burkhardt.de. Schreiben Sie mir gern unter Crismutmacher@icloud.com."

Nachtrag von Daniela:
Als ich die Geschichte von Cris las, musste ich oft schmunzeln. In einigen der beschriebenen Situationen habe ich mich absolut wiedererkannt. Auch ich habe noch vor wenigen Jahren versucht, mein Tourette-Syndrom zu bekämpfen. Einer meiner Lieblingssätze war: „Irgendwann finde ich den Schlüssel dafür, dass mein Tourette-Syndrom gehen darf." Doch gerade weil ich nach diesem Schlüssel suchte, konnte ich mein Syndrom nicht hundertprozentig akzeptieren – ein Teil in mir lehnte es immer noch ab, obwohl ich vom Kopf her schon glaubte, ich hätte es komplett akzeptiert und integriert.

Manche Dinge können wir einfach nicht ändern. Ich wurde mit einem besonderen Gehirn geboren. Meine besondere Aufgabe ist es, mit diesem Gehirn zu leben.

Die Tics sind ruhig geworden. Sie sind nicht mehr so auffällig, seitdem ich in die totale Akzeptanz gegangen bin. Viele Menschen bekommen meine

Tics noch nicht einmal mit. Ich führe inzwischen ein völlig normales Leben. Obwohl, so normal ist es gar nicht. Es ist aufregend, aufregend schön! Es ist turbulent und abwechslungsreich. Es ist voller spannender Abenteuer. Mein Leben ist so, wie ich es mir immer gewünscht habe. Ich liebe es, auf Bühnen zu stehen, Menschen zu inspirieren und ihnen Mut zu machen.

Ich liebe mein Leben in zwei Welten – ich lebe in Hamburg und auf Mallorca. Ich reise viel. Ich bin überall und nirgends. Ich kann von überall aus arbeiten. Wo meine Heimat ist? Tief in mir drin! Denn ich habe Heimat in mir selbst gefunden.

Und tief in mir drin ist eine ganz große Fülle und damit auch viel Erfüllung. Ich bin dankbar für genau dieses Leben!

Denken auch Sie immer daran: Das Außen ist ein Spiegel Ihrer Seele! Und eines ist dabei extrem wichtig für ein glückliches und erfülltes Leben in Fülle: Folgen Sie Ihrem Herzen. Lassen Sie das Außen ein Spiegel Ihres Herzens sein, nicht Ihres Kopfes!

Sie haben es in der Hand, wie sich Ihr Leben anfühlt!

Daniela Landgraf, Januar 2019

Das ungeplante Kapitel: Prüfung oder neue Stufe der Veränderung?

Das Leben stellt uns immer wieder vor neue Herausforderungen. Immer wieder bekommen wir Aufgaben, die es zu lösen gilt. Das folgende Kapitel war nicht geplant. Es ist ein Kapitel, wie es nur das Leben schreiben kann. Es ist wohl das persönlichste aller Kapitel. Aufgrund der Aktualität schreibe ich dieses Kapitel im Präsens.

Montag, 21.01.2019:

Große Freude: Ich habe mein Manuskript dem Verlag zum Lektorat übergeben. Das Leben läuft gerade so unglaublich gut. Ich bin auf Mallorca, herrlichstes Wetter mitten im Januar, das Projekt „neues Buch" habe ich in die Verantwortung des Verlags gegeben. Das Leben ist schön. Donnerstag soll es wieder nach Hamburg gehen, auch dort stehen wunderbare Termine an.

Donnerstag, 24.01.2019:

Wir müssen mittags Richtung Flughafen starten. Eigentlich möchte ich Mallorca nicht verlassen. Wenigstens möchte ich nochmal auf mein Pferd! Meine Freundin Cindy ist zu Besuch und möchte mitreiten. Es ist sehr windig, aber herrlich sonnig. Wir reiten los, Richtung Strand. Absolute Glücksgefühle. Sonne, Wind, Strand, und das Ganze vom Rücken der Pferde aus. Es gibt eine unglaubliche Brandung – und das Wasser ist ziemlich weit weg. Das ist Leben pur – ich spüre den Wind und die Sonne, rieche und höre das Meer. Intensive Wahrnehmung der Situation mit allen Sinnen. Ich bin unendlich glücklich.

Von einer Sekunde auf die andere passiert es – eine Riesenwelle baut sich auf. Von rechts kommt die Welle, links ist ein Zaun. Mein Pferd gerät in Panik. Es fühlt sich an wie Rodeo. Überall um uns ist Wasser. Ich falle. Ich blinzele ... und sehe den Pferdehuf direkt über mir! Mir wird klar: Das war es! Ich schließe die Augen wieder und spüre den Tritt auf meiner Brust. Dann wird alles schwarz.

In Sekundenschnelle ist alles vorbei. Überall Wasser und Schmerzen. Doch – ICH LEBE!!! Ja, ich lebe! Obwohl mir gerade mein Pferd über die Brust galoppiert ist. Ich robbe aus dem Wasser und sehe die Pferde am Strand stehen – surreal schön, in der Sonne! Dann sehe ich Cindy: Sie rennt auf mich zu und ruft: „Alles okay?" „Ja, alles okay", sage ich schwach, obwohl ich weiß, dass nichts okay ist.

Cindy holt die Pferde, und meine Gedanken fahren Karussell: „Du musst irgendwie hochkommen, schade, das war ein kurzer Ausritt, ach, jetzt müssen wir wohl zur Ranch zurück, denn ich bin ja ganz nass, warum kriege ich keine Luft, ich muss mich hinlegen, oh nein, das geht gar nicht, sitzen ist besser ..." Cindy kommt mit den Pferden zurück. Sie fragt, ob sie jemanden anrufen soll. Irgendwie schaffe ich es, mein Handy aus der Tasche zu holen. Es ist zu nass, um es zu bedienen. Irgendwann klappt es und ich schaffe es, meinem Partner Bescheid zu geben. Ich stehe unter Schock. Der Schock ist etwas ganz Wunderbares. Er sorgt dafür, dass wir noch einige Zeit funktionieren und wenig Schmerz fühlen. Deshalb schaffe ich es, zum Parkplatz zu gehen, der ca. 100 bis 200 Meter weit weg ist.

Cindy hat die ganze Situation anders wahrgenommen. Ihre Beschreibung: „Die Welle kam irgendwie aus dem Nichts. Die Pferde wurden durch die Welle an den Zaun gedrückt und standen dann dicht an dicht, konnten weder vor noch zurück, bekamen dadurch noch mehr Panik und stiegen. Sie versuchten uns abzuwerfen, was ja auch gelang. Wir fielen beide. Ich sah zu Daniela rüber und fragte, ob alles in Ordnung sei. Sie sagte sofort: ‚Nein, ich kann nicht atmen', und saß wie geistesabwesend im Wasser. Ich rief ihr immer wieder zu, sie solle raus aus dem Wasser zu kommen, und irgendwann kroch sie auf allen vieren an Land. Aufstehen konnte sie wohl nicht. Ich war in Panik und wusste erst nicht, was ich tun sollte – bei Daniela bleiben oder die Pferde holen, die ca. 300 Meter entfernt stehen geblieben waren. Ich entschied mich dafür, erst die Pferde einzufangen. Daniela versuchte mehrfach, mir zu folgen, fiel aber immer wieder zurück in den Sand. Ich wollte Hilfe holen, aber mein Telefon war nass. Nach mehreren Versuchen schaffte es Daniela, mit ihrem Handy eine kurze Sprachnachricht zu versenden. Wir mussten mit den Pferden irgendwie zum Parkplatz kommen, und ich hatte große Zweifel, dass Daniela das schaffen würde, doch wie in Trance stand sie auf und folgte mir zum Auto. Ich stand wohl auch unter Schock, denn sonst hätte ich sie sicher nicht alleine laufen lassen. An Knochenbrüche hatte ich in dem Moment überhaupt nicht gedacht. Am Parkplatz angekommen, fing Daniela an, extrem an zu zittern."

Zurück zu meiner Wahrnehmung: Wir schaffen es irgendwie, zum Parkplatz zu kommen. Inzwischen ist mein Freund da. Er hat Hilfe von der Ranch mitgebracht. Mir ist eisig kalt, ich kann nicht atmen. Ich habe Angst. Doch auch etwas anderes kommt mir in den Sinn: Ich „muss" akzeptieren, dass es passiert ist. Und ich denke daran: Das, was passiert ist, macht mich zu dem Menschen, der ich morgen sein werde. Das macht mir Mut. Ich werde es schaffen! Ich will leben!

Eine gefühlte Ewigkeit später sind die Polizei und der Notarzt da. Ich werde aus der Kleidung rausgeschnitten. Ausziehen geht nicht, ich kann mich kaum bewegen. Im Notarztwagen bekomme ich jede Menge Schläuche, Nadeln und Klebepunkte in, auf und an meinen Körper. Es wird plötzlich herrlich warm. Ich fühle mich ausgeliefert. Meine Gedanken drehen sich im Kreis. Ich denke paradoxerweise an mein Buch. Vertrauen! „Vertraue darauf, dass alles gut wird." Akzeptanz! „Du kannst es gerade nicht ändern. Das, was passiert ist, macht dich zu dem Menschen, der du morgen sein wirst." Ich denke an Cindy. Wie geht es ihr? Ist ihr eigentlich etwas passiert? All die Schläuche und Infusionen: Zulassen! „Alles wird gut!"

Dann aber die ersten Gedanken über einen eventuellen Sinn: „Ist es eine Prüfung? Eine Prüfung, ob ich wirklich selbst all das umsetze, was ich in meinem Buch geschrieben habe? Habe ich es mir ins Leben gerufen, als ich kurz vor dem Ausritt sagte: ‚Ich will nicht zurück nach Deutschland, ich möchte hier bleiben!'?" Eine neue Dimension kommt hinzu, die ich in meinem Buch noch gar nicht behandelt habe: Hingabe! Was anderes geht gerade nicht. „Ich muss mich den Rettungskräften hingeben."

Vielleicht eine neue Formel:
Akzeptanz (was passiert ist) + Zulassen (was gerade mit mir gemacht wird) + Vertrauen (das alles gut wird und alles so sein soll) = Hingabe?

Kann man das auch auf andere Bereiche übertragen?
Hingabe = Akzeptanz + Zulassen + Vertrauen?
Womöglich ist das Stoff für ein neues Buch …

Noch eine weitere Dimension kommt hinzu: Aushalten. Doch der Schlüssel zu allem: Vertrauen! Immer wieder Vertrauen. „Geben sie mir die richtigen Medikamente? Was machen die mit mir? Wie geht es weiter? Ich will leben!"

Es gibt kein eigenes Kapitel zum Thema „Vertrauen", aber es zieht sich durch alle Kapitel, taucht immer wieder auf. Im Krankenhaus werde ich auf die Intensivstation gebracht. Noch ein Schlauch mehr – künstliche Zusatzbeatmung. Und die Diagnose: ein gebrochenes Brustbein, fünf gebrochene Rippen, eine verletzte Lunge und Luft außerhalb der Lunge, wo sie nicht hingehört.

Irgendwann muss ich auf Toilette. Man bringt mir eine Bettpfanne. Akzeptanz, zulassen, aushalten. Ich denke an die Zeit, als ich im Rahmen meiner Heilpraktiker-Ausbildung (Heilpraktiker für Psychotherapie) im Altenheim als Pflegehelferin gejobbt habe. Die alten Menschen in den Heimen … Für sie ist das die tägliche Realität, es gibt kein Entrinnen mehr. Ich werde in ein paar Tagen wieder allein auf Toilette gehen können. Der Gedanke daran, dass ich wieder gesund werde, hilft mir. Nicht ins Leid gehen. Alles wird wieder gut! Ich hole mir positive Bilder vor mein inneres Auge. Ich will wieder ganz gesund werden.

Es juckt, mal hier, mal da. Ich kann mich nicht kratzen. Wieder einmal: aushalten. Und darauf vertrauen, dass es nach einer gewissen Zeit von allein aufhört. Was es auch tut. Aushalten und Hingabe. Zwei neue Dimensionen. Sie fehlten bisher im Buch.

Vertrauen. Das Wissen darüber, dass alles seinen Sinn hat, auch, wenn ich ihn aktuell noch nicht verstehe. Doch das tiefe Wissen, dass es mich zu dem Menschen macht, der ich morgen sein werde, hilft mir, meinen Mut zu behalten.

Zwei Dinge machen mich gerade glücklich: Ich lebe! Und ich habe einen tollen Partner, der bis spätabends an meinem Bett bleibt. Ich bin nicht allein. Ein großes Geschenk. Egal, was passiert: Wir sollten den Fokus immer auf die guten Dinge haben und nicht in das Leid gehen. Was könnte die Sache noch Gutes haben?

Ja, ich weine auch. Viel sogar. Ich bin traurig über das, was passiert ist. Doch Tränen heilen auch. Sie dürfen sein. Es geht um die Gedanken. Wo sind wir mit unseren Gedanken? Beim Drama oder bei dem, was gut ist und was uns die Zukunft noch Schönes bringen wird? Immer wieder hole ich mir die Bilder vom Leben in mein Gedächtnis – Sonne, Strand, Pferde, liebe Menschen … ich will leben, ich werde leben.

Ich kann nachts nicht wirklich schlafen, bin immer nur im Halbschlaf. Schrecke aus merkwürdigen Träumen auf. Der Tod fragt mich: „Wollen wir tanzen?" Meine Antwort: „Nein! Lass mich noch ein bisschen auf dieser wunderschönen Welt verweilen." Ein anderer „Traum": Ein Gespräch zwischen – ich weiß es nicht genau – Seele und Geist, glaube ich. Frage an die Seele: „Möchtest du weiterziehen? In einen neuen Körper? Oder sollen wir den alten Körper heilen lassen?" Meine Antwort ist klar: „Ich will im aktuellen Körper weiterleben." So oder so ähnlich war das. Ziemlich krass. Wenn ich wach bin, die Frage: Was passiert eigentlich mit dem Geist nach dem Tod? Der Körper vergeht. Die Seele zieht weiter (ich glaube zumindest fest daran). Doch wohin geht der Geist? Was für Gedanken einem in solch einer Situation doch kommen …

Freitagmittag, 25.01.2019:

Ich komme aus der Intensivstation. Doch es gibt keine freien Zimmer. Ich liege in einem Gang mit vielen anderen Personen. Lärm, schlechte Luft, grelles Licht. Und immer wieder die Frage nach dem Sinn: „Was ist meine Lernaufgabe? Akzeptanz? Aushalten? Macht die Sinnsuche Sinn?" Ja, denn sie lenkt von negativen Gedanken ab und fördert somit die Heilung. Ob der Sinn, den ich finde, sinnvoll ist, ist dabei egal. Aber die Sinnsuche lenkt meinen Fokus ab vom Schmerz und vom Leid.

Freitagabend, 22.30 Uhr:

Ich bin gerade eingeschlafen – endlich – und werde wieder geweckt. Es gibt jetzt ein Zimmer für mich. Umzug gegen Mitternacht. Spanische Krankenhäuser sind halt irgendwie anders als deutsche.

--

Danach folgen vier gruselige Nächte und Tage. Ich liege mit einer Mallorquinerin zusammen im Zimmer, deren letzte Tage angebrochen sind. Rund um die Uhr mehrere Menschen im Zimmer. Lärm, klingelnde Handys, Filme, die nachts auf dem Handy angeschaut werden von der begleitenden Familie. Tagsüber teilweise mehr als zehn Menschen gleichzeitig im Zimmer. Eine mallorquinische Großfamilie – die Dame hat acht Kinder, 18 Enkel und zwölf Urenkel. Alle sind da zum Abschiednehmen. Nachts kommen alle 30 bis 60 Minuten Pfleger zur Versorgung der Dame. Die meiste Zeit ist neben dem Lärm auch noch grelles Licht im Zimmer (auch nachts). Was ist hier meine Lernaufgabe? Akzeptanz? Ich schicke Licht und Liebe zu der Frau und zu ihrer Familie. Ob es ihr hilft? Keine Ahnung. Aber es hilft mir, meine negativen Gefühle zu verändern – in Richtung Akzeptanz. Mit negativen Gefühlen schaden wir in allererster Linie nur uns selbst. Wenn wir uns ärgern und aufregen, macht es uns nur selbst negative Gefühle – nicht den anderen. Für die Heilung sind jedoch positive Gefühle notwendig.

Ich will nur schlafen. Bin unendlich müde. Möchte schnellstmöglich nach Hause. Ich habe einen ausgesprochen großen Heilungswillen. Ich will wieder laufen, lachen, frische Luft atmen. Zur Verblüffung der Ärzte und Pfleger gehe ich bereits zwei Tage nach meinem Unfall wieder allein auf die Toilette. Alles in Zeitlupe und unter großen Schmerzen, aber allein. Am dritten Tag nach dem Unfall habe ich mit Hilfe geduscht.

--

Dienstag, 29.1.2019, fünf Tage nach dem Unfall:

Die Luft in meinem Oberkörper ist immer noch da. Ich will unbedingt nach Hause, vor allem, um schlafen zu können. Ich habe noch immer Atemprobleme durch die Rippenbrüche und den Brustbeinbruch. Die Ärzte erlauben, dass ich in unsere Wohnung darf – aber auch nur, weil wir hier auf Mallorca eine eigene Wohnung und ein Auto haben, mit dem mich mein Partner (der übrigens von früh bis spät immer bei mir ist) jederzeit zum Notarzt fahren könnte. Was besonders erschwerend hinzukommt, sind meine Tourette-Tics. Das zwanghafte Umschauen und Kopfbewegen tut sehr weh und ist nur eingeschränkt möglich. Aber dieses Gefühlschaos hier zu beschreiben, das möchte ich Ihnen nicht antun.

Ich gehe täglich spazieren – jeden Tag etwas weiter. Erst ein paar Meter, dann ein paar Hundert Meter.

1.2.2019, acht Tage nach dem Unfall:

Ich schaffe schon zwei Kilometer pro Tag (nicht auf einmal, aber insgesamt).

5.2.1019, zwölf Tage nach dem Unfall:

Ich bin bei drei bis vier Kilometern, über den Tag verteilt. Auf den Röntgenbildern ist keine Luft mehr außerhalb der Lunge mehr zu sehen.

Heute, 7.2.2019 (genau zwei Wochen nach dem Unfall):

Ich beende dieses letzte Kapitel und werde es dem Verlag zum Lektorat übergeben. Ich werde noch zwei bis vier Wochen auf Mallorca „festsitzen", da ich noch immer ein Reise- und Flugverbot habe. Aber es gibt durchaus Schlimmeres, als bei 15 Grad und Sonne auf das Meer schauen zu dürfen. Das ist ein großes Geschenk.

Apropos Geschenk: Das Leben als solches ist ein großes Geschenk. Damit komme ich nochmal zum Thema Wahrheit und Wahrnehmung.

Ich habe zwei Möglichkeiten, meinen Unfall zu sehen: Entweder ich sehe mich als Opfer. Dann könnte ich hadern und verzweifeln. Könnte mich fragen, warum ausgerechnet mir das passiert ist. Ich könnte mir Selbstvorwürfe machen und mich fragen, was gewesen wäre, wenn wir nicht bei Nordost-Wind an den Strand geritten wären. Hätten wir vorgewarnt sein müssen, gerade weil das Meer relativ weit weg war? Ich könnte in Selbstmitleid versinken und über die Schmerzen jammern. Ich könnte natürlich auch die Schuld im Außen suchen! Oder ich sehe mich als Glückskind? Ja, der Unfall ist passiert. Und ja, ich habe etwas über die Gefährlichkeit des Nordost-Winds in Cala Ratjada (der Ort auf Mallorca, wo es passiert ist) gelernt. Aber: ICH LEBE!!! Der Huf hat mich genau auf der Mitte meines Brustbeins getroffen! Zum Glück! Nicht auszudenken, wenn er mich ein paar Zentimeter höher (am Hals oder im Gesicht) oder ein paar Zentimeter weiter unten (im Magen) getroffen hätte! Mein Brustkorb und meine Rippen haben mir das Leben erhalten! Es sind Verletzungen, die wieder heilen! Was bin ich doch für ein Glückskind!

Es ist eine Erfahrung mehr im Leben. Zugegebenermaßen eine Erfahrung, auf die ich hätte verzichten können. Aber nun ist sie da. Und ich habe live erlebt: Meine Methoden funktionieren nicht nur rückblickend betrachtet, sondern auch, wenn ich in der akuten Situation bin. Jede Erfahrung ist eine Lernaufgabe. Auf manche Lernaufgabe möchten wir gerne verzichten, doch rückwirkend betrachtet bringt sie uns immer weiter!

Wer werde ich in einem Monat, in einem Jahr sein, wenn ich die aktuellen Erfahrungen komplett verarbeitet habe? Wir werden sehen ... Noch bin ich selbst voll im Prozess. Es wird eine neue Stufe der Veränderung sein. Es macht mich zu dem Menschen, der ich dann sein werde.

Heilung hat viel mit der inneren Einstellung zu tun. Die Selbstheilungskräfte des Körpers sind phänomenal! Mentale innere Stärke ist das Geheimnis einer guten Krisenbewältigung.

Abschließend hier noch zusammenfassend ein paar Sätze und Fragen, die ich Ihnen mit auf den Weg geben möchte, um Krisen und schwierige Situationen besser und schneller zu überstehen:

Egal, was passiert: Es macht Dich zu dem wunderbaren Menschen, der Du morgen sein wirst!

Vertraue! Manche Dinge kannst Du nicht ändern. Versuche, einen Sinn oder eine Lernaufgabe darin zu sehen. Manchmal erkennst Du den Sinn oder die Lernaufgabe erst viel später (manchmal erst Jahre danach). Doch wenn Du Dich fragst, welche Lernaufgabe es vielleicht ist oder welchen Sinn es haben könnte, dann lenkst Du Deine Gedanken weg von negativen Dingen und kommst raus aus der Opferhaltung.

Bei negativen Gefühlen einer Person oder einer Situation gegenüber sende Licht (und wenn Du kannst auch Liebe). Es heilt vor allem Dich! Es reinigt! Negative Gefühle wie Hass, Gram, Wut, Ärger etc. machen krank. Sie schaden nur Dir selbst. Lass sie einmal kurz zu, denn komplettes Verdrängen ist auch keine Lösung. Doch dann geh bewusst in die Reinigung. Stell Dir viel Licht vor und sende es der entsprechenden Person. Vielleicht klingt es Dir zu esoterisch. Dennoch bitte ich Dich: Probier es aus. Es verändert Deine Gefühle und somit Deine Stimmung.

Stell Dir immer wieder die folgenden Fragen: Macht es Sinn? Ist es wichtig? Gibt es noch eine andere Möglichkeit, die Dinge oder die Situation zu betrachten?
Macht es zum Beispiel Sinn, sich jetzt aufzuregen? Macht es Sinn, gerade hier und jetzt unbedingt etwas durchsetzen zu wollen? Macht dieser Streit Sinn? Macht es Sinn, beleidigt zu sein? Macht es Sinn, mit dem Leben oder dem Schicksal zu hadern? Macht es Sinn, gerade jetzt mit dem Kopf durch die Wand zu wollen?
Ist es gerade jetzt wichtig? Ist es hier und jetzt wichtig? Warum ist es wichtig? Für wen ist es wichtig? Was wäre wichtiger?

> Und immer wieder das Thema mit der Wahrnehmung und der Wahrheit: Welche andere Wahrheit könnte es geben? Wie wahr ist meine persönliche Wahrnehmung? Wie könnte die Wahrnehmung der anderen sein?
>
> Du kannst das, was gerade ist, manchmal nicht ändern, doch Du bist verantwortlich für Dein Gefühl dazu. Raus aus der Krise, raus aus dem Jammertal! Das Leben hat viele schöne Seiten, Du musst sie nur sehen!
>
> Manchmal musst Du Schmerz ertragen – doch der vergeht. Und der vergeht umso schneller, je mehr Du Dich auf die schönen Dinge des Lebens konzentrierst!

Raus aus der Krise – rein ins Leben! Auch Du wirst es schaffen! Glaube an Dich!

Daniela Landgraf, 07.02.2019

Über Daniela Landgraf

Daniela Landgraf wurde 1972 in Hamburg geboren.

Die Themen Selbstwert und Geld sind eng mit ihrem Leben verknüpft, beides aufgrund ihrer eigenen, sehr besonderen Geschichte – privat und beruflich. Sie kennt die Höhen und Tiefen des Lebens aus eigener Erfahrung.

Seit 1992 ist sie in der Finanzbranche tätig – als Beraterin, Trainerin und Coach, früher in Vollzeit, heute ist die Finanzbranche nur noch eine von vielen Branchen, in denen sie als Trainerin, Coach und Rednerin tätig ist.

Aktuell gibt sie Seminare und Workshops vermehrt in den Bereichen Selbstwert und Ziel-/Wunscherreichung, sowohl für Unternehmer und Selbständige als auch für Führungskräfte, Teams und Privatpersonen.

Ihre Schwerpunktthemen sind
- Stärkung der Umsetzungskompetenz
- Stärkung der Präsenz und des Auftretens
- Entwicklung von kommunikativen Fähigkeiten
- Selbstsicheres Auftreten in Verhandlungen
- Entwicklung von agilen Teams

Seminar-Beispiele zu diesen Schwerpunktthemen:
- „Erfolgreich sein? Ja! Mit Selbstbewusstsein und Geldbewusstsein zum Ziel."
- „Du weißt es! Du willst es! Du kannst es! Doch warum tust Du es nicht? - Das Seminar!"
- „Raus aus der Krise - rein ins Leben! Das Seminar!"

Dabei ist ihr eines besonders wichtig: das Erreichen der mentalen inneren Stärke, als Grundlage für ein gesundes Selbstwertgefühl und als Grundlage für langfristige Zufriedenheit, sowohl privat als auch beruflich.

Der Aufbau eines gesunden Selbstwertgefühls ist Prozessarbeit. Leider gibt es keinen Schalter, mit dem wir von heute auf morgen ein gesundes Selbstwertgefühl von innen heraus anschalten können.

Daniela Landgraf bietet Ihnen deshalb drei verschiedene Pakete für ein Prozess-Coaching an:
- Prozess-Coaching in einer Gruppe von mehreren Personen.
- 6-Monats-Coaching: Sie werden Mitglied der Prozess-Coaching-Gruppe.
- 6-Monats-Intensiv-Coaching: zusätzlich zu dem oben beschriebenen Paket zweimal monatlich eine halbe Stunde Einzelcoaching.

Selbstverständlich hat sie zahlreiche Aus- und Weiterbildungen absolviert, so zum Beispiel zur Finanzfachwirtin (IHK), Betriebswirtin, Personal Coach (IHK), Train the Trainer (IHK), Heilpraktikerin für Psychotherapie, Professional Speaker GSA (SHB) und viele andere, die bei Bedarf gerne aufgeführt und nachgewiesen werden. Im manager magazin wird sie im Juli 2019 als einer der Top-10-Coaches in Deutschland aufgeführt.